Les derniers jours de Pékin

Pierre Loti

Les derniers jours de Pékin

I

ARRIVÉE DANS LA MER JAUNE

Lundi 24 septembre 1900.

L'extrême matin, sur une mer calme et sous un ciel d'étoiles. Une lueur à l'horizon oriental témoigne que le jour va venir, mais il fait encore nuit. L'air est tiède et léger... Est-ce l'été du Nord, ou bien l'hiver des chauds climats? Rien en vue nulle part, ni une terre, ni un feu, ni une voile; aucune indication de lieu: une solitude marine quelconque, par un temps idéal, dans le mystère de l'aube indécise.

Et, comme un léviathan qui se dissimulerait pour surprendre, le grand cuirassé s'avance silencieusement, avec une lenteur voulue, sa machine tournant à peine.

Il vient de faire environ cinq mille lieues, presque sans souffler, donnant constamment, par minute, quarante-huit tours de son hélice, effectuant d'une seule traite, sans avaries d'aucune sorte et sans usure de ses rouages solides, la course la plus longue et la plus soutenue en vitesse qu'un monstre de sa taille ait jamais entreprise, et battant ainsi, dans cette épreuve de fond, des navires réputés plus rapides, qu'à première vue on lui aurait préférés.

Ce matin, il arrive au terme de sa traversée, il va atteindre un point du monde dont le nom restait indifférent hier encore, mais vers lequel les yeux de l'Europe sont à présent tournés: cette mer, qui commence de s'éclairer si tranquillement, c'est la mer Jaune, c'est le golfe du Petchili par où l'on accède à Pékin. Et une immense escadre de combat, déjà rassemblée, doit être là tout près, bien que rien encore n'en dénonce l'approche.

Depuis deux ou trois jours, dans cette mer Jaune, nous nous sommes avancés par un beau temps de septembre. Hier et avant-hier, des jonques aux voiles de nattes ont croisé notre route, s'en allant vers la Corée; des côtes, des îles nous sont aussi apparues, plus ou moins lointaines; mais en ce moment le cercle de l'horizon est vide de tous côtés.

A partir de minuit, notre allure a été ainsi ralentie afin que notre arrivée—qui va s'entourer de la pompe militaire obligatoire—n'ait pas lieu à une heure trop matinale, au milieu de cette escadre où l'on nous attend.

Cinq heures. Dans la demi-obscurité encore, éclate la musique du branle-bas, la gaie sonnerie de clairons qui chaque matin réveille les matelots. C'est une heure plus tôt que de coutume, afin qu'on ait assez de temps pour la toilette du cuirassé, qui est un peu défraîchi d'aspect par quarante-cinq jours passés à la mer. On ne voit toujours que l'espace et le vide; cependant la vigie, très haut perchée, signale sur l'horizon des fumées noires,—et ce petit nuage de houille, qui d'en bas n'a l'air de rien, indique là de formidables présences; il est exhalé par les grands vaisseaux de fer, il est comme la respiration de cette escadre sans précédent, à laquelle nous allons nous joindre.

D'abord la toilette de l'équipage, avant celle du bâtiment: pieds nus et torse nu, les matelots s'éclaboussent à grande eau, dans la lumière qui vient; malgré le surmenage constant, ils ne sont nullement fatigués, pas plus que le vaisseau qui les porte. Le Redoutable est du reste, de tous ces navires si précipitamment partis, le seul qui en chemin, dans les parages étouffants de la mer Rouge, n'ait eu ni morts ni maladies graves.

Maintenant, le soleil se lève, tout net sur l'horizon de la mer, disque jaune qui surgit lentement de derrière les eaux inertes. Pour nous, qui venons de quitter les régions équatoriales, ce lever, très lumineux pourtant, a je ne sais quoi d'un peu mélancolique et de déjà terni, qui sent l'automne et les climats du Nord. Vraiment il est changé, ce soleil, depuis deux ou trois jours. Et puis il ne brûle plus, il n'est plus dangereux, on cesse de s'en méfier.

Là-bas devant nous, sous le nuage de houille, des choses extra-lointaines commencent de s'indiquer, perceptibles seulement pour des yeux de marin; une forêt de piques, dirait-on, qui seraient plantées au bout, tout au bout de l'espace, presque au delà du cercle où s'étend la vue. Et nous savons ce que c'est: des cheminées géantes, de lourdes mâtures de combat, l'effrayant attirail de fer qui, avec la fumée, révèle de loin les escadres modernes.

Quand notre grand lavage du matin s'achève, quand les seaux d'eau de mer, lancés à tour de bras, ont fini d'inonder toutes choses, le Redoutable reprend sa vitesse (sa vitesse moyenne de onze noeuds et demi, qu'il avait gardée

2

depuis son départ de France). Et, pendant que les matelots s'empressent à faire reluire ses aciers et ses cuivres, il recommence de tracer son profond sillage sur la mer tranquille.

Dans les fumées de l'horizon, les objets se démêlent et se précisent; on distingue, sous les mâtures innombrables, les masses de toute forme et de toute couleur qui sont des navires. Posée entre l'eau calme et le ciel pâle, la terrible compagnie apparaît tout entière, assemblage de monstres étranges, les uns blancs et jaunes, les autres blancs et noirs, les autres couleur de vase ou couleur de brume pour se mieux dissimuler; des dos bossus, des flancs à demi noyés et sournois, d'inquiétantes carapaces; leurs structures varient suivant la conception des différents peuples pour les machines à détruire, mais tous, pareillement, soufflent l'horrible fumée de houille qui ternit la lumière du matin.

On ne voit toujours rien des côtes chinoises, pas plus que si on en était à mille lieues ou si elles n'existaient pas. Cependant, c'est bien ici Takou, le lieu de ralliement vers lequel, depuis tant de jours, nos esprits étaient tendus. Et c'est la Chine, très proche bien qu'invisible, qui attire par son immense voisinage cette troupe de bêtes de proie, et qui les immobilise, comme des fauves en arrêt, sur ce point précis de la mer, que l'on dirait quelconque.

L'eau, en cette région de moindre profondeur, a perdu son beau bleu, auquel nous venions si longuement de nous habituer; elle devient trouble, jaunâtre, et le ciel, pourtant sans nuages, est décidément triste. La tristesse d'ailleurs se dégage, au premier aspect, de cet ensemble, dont nous allons sans doute pour longtemps faire partie...

Mais voici qu'en approchant tout change, à mesure que monte le soleil, à mesure que se détaillent mieux les beaux cuirassés reluisants et les couleurs mêlées des pavillons de guerre. C'est vraiment une étonnante escadre, qui représente ici l'Europe, l'Europe armée contre la vieille Chine ténébreuse. Elle occupe un espace infini, tous les côtés de l'horizon semblent encombrés de navires. Et les canots, les vedettes à vapeur s'agitent comme un petit peuple affairé entre les grands vaisseaux immobiles.

Maintenant les coups de canon partent de tous côtés pour la bienvenue militaire à notre amiral; au-dessous du voile de fumées sombres, les gaies fumées claires de la poudre s'épanouissent en gerbes, se promènent en flocons blancs; le long de toutes les mâtures de fer, montent et descendent en notre honneur des pavillons tricolores; on entend partout les clairons sonner, les musiques étrangères jouer notre Marseillaise,—et on se grise un peu de ce cérémonial, éternellement pareil, mais éternellement superbe, qui emprunte ici une magnificence inusitée au déploiement de ces flottes.

Et puis le soleil, le soleil à la fin s'est réveillé et flamboie, nous apportant pour notre jour d'arrivée une dernière illusion de plein été, dans ce pays aux saisons excessives, qui avant deux mois commencera de se glacer pour un long hiver.

Quand le soir vient, nos yeux, qui s'en lasseront bientôt, s'amusent, cette première fois, de la féerie à grand spectacle que les escadres nous donnent. L'électricité s'allume soudainement de toutes parts, l'électricité blanche, ou verte, ou rouge, ou clignotante, ou scintillante à éblouir; les cuirassés, au moyen de jeux de lumière, causent les uns avec les autres, et l'eau reflète des milliers de signaux, des milliers de feux, pendant que les longues gerbes des projecteurs fauchent l'horizon, ou passent dans le ciel comme des comètes en délire. On oublie tout ce qui couve de destruction et de mort, sous ces fantasmagories, dans des flancs effroyables; on est pour l'instant comme au milieu d'une ville immense et prodigieuse, qui aurait des tours, des minarets, des palais, et qui se serait improvisée, par fantaisie, en cette région de la mer, pour y donner quelque fête nocturne extravagante.

25 septembre.

Nous ne sommes qu'au lendemain, et déjà rien ne se ressemble plus. Dès le matin la brise s'est élevée,—à peine de la brise, juste assez pour coucher sur la mer les grands panaches obscurs des fumées, et déjà les lames se creusent, dans cette rade ouverte, peu profonde, et les petites embarcations en continuel va-et-vient sautillent, inondées d'embruns.

Cependant un navire aux couleurs allemandes arrive lentement du fond de l'horizon, comme nous étions arrivés hier: c'est la Herta, tout de suite reconnue, amenant le dernier des chefs militaires que l'on attendait à ce rendez-vous des peuples alliés, le feld-maréchal de Waldersee. Pour lui, recommencent alors les salves qui nous avaient accueillis la veille, tout le cérémonial magnifique; les canons de nouveau épandent leurs nuages, mêlent des ouates blanches aux fumées noires, et le chant national de l'Allemagne, répété par toutes les musiques, s'éparpille dans le vent qui augmente.

Il souffle toujours plus fort, ce vent, plus fort et plus froid, mauvais vent d'automne, affolant les baleinières, les vedettes, tout ce qui circulait hier si aisément entre les groupes d'escadre.

Et cela nous présage de tristes et difficiles jours, car, sur cette rade incertaine qui devient dangereuse en une heure, il va falloir débarquer des milliers de soldats envoyés de France, des milliers de tonnes de matériel de guerre; sur l'eau remuée, il va falloir promener tant de monde et tant de choses, dans des chalands, dans des canots, par les temps glacés, même par les nuits noires, et les conduire à Takou, par-dessus la barre changeante du fleuve.

Organiser toute cette périlleuse et interminable circulation, ce sera là surtout, pendant les premiers mois, notre rôle, à nous marins,—rôle austère, épuisant et obscur, sans apparente gloire...

II

A NING-HAÏ

3 octobre 1900.

Dans le fond du golfe de Petchili, la grève de Ning-Haï, éclairée par le soleil levant. Des chaloupes sont là, des vedettes, des baleinières, des jonques, l'avant piqué dans le sable, débarquant des soldats et du matériel de guerre, au pied d'un immense fort dont les canons restent muets. Et c'est, sur cette plage, une confusion et une Babel comme on n'en avait jamais vu aux précédentes époques de l'histoire; à l'arrière de ces embarcations, d'où descend tant de monde, flottent pêle-mêle tous les pavillons d'Europe.

La rive est boisée de bouleaux et de saules, et, au loin, les montagnes, un peu bizarrement découpées, dressent leurs pointes dans le ciel clair. Rien que des arbres du Nord, indiquant qu'il y a dans ce pays des hivers glacés, et cependant le soleil matinal déjà brûle, les cimes là-bas sont magnifiquement violettes, la lumière rayonne comme en Provence.

Il y a de tout sur cette grève, parmi des sacs de terre qu'on y avait amoncelés pour de hâtives défenses. Il y a des cosaques, des Autrichiens, des Allemands, des midships anglais à côté de nos matelots en armes; des petits soldats du Japon, étonnants de bonne tenue militaire dans leurs nouveaux uniformes à l'européenne; des dames blondes, de la Croix-Rouge de Russie, affairées à déballer du matériel d'ambulance; des bersaglieri de Naples, ayant mis leurs plumes de coq sur leur casque colonial.

Vraiment, dans ces montagnes, dans ce soleil, dans cette limpidité de l'air, quelque chose rappelle nos côtes de la Méditerranée par les beaux matins d'automne. Mais là, tout près, une vieille construction grise sort des arbres, tourmentée, biscornue, hérissée de dragons et de monstres: une pagode. Et, sur les montagnes du fond, cette interminable ligne de remparts, qui serpente et se perd derrière les sommets, c'est la Grande Muraille de Chine, confinant à la Mandchourie.

Ces soldats, qui débarquent pieds nus dans le sable et s'interpellent gaiement en toutes les langues, ont l'air de gens qui s'amusent. Cela se nomme une «prise de possession pacifique» ce qu'ils font aujourd'hui, et on dirait quelque fête de l'universelle fusion, de l'universelle concorde,—tandis que, au contraire, non loin d'ici, du côté de Tien-Tsin et du côté de Pékin, tout est en ruine et plein de cadavres.

La nécessité d'occuper Ning-Haï, pour en faire au besoin la base de ravitaillement du corps expéditionnaire, s'était imposée aux amiraux de l'escadre internationale, et avant-hier on se préparait au combat sur tous nos navires, sachant les forts de la côte armés sérieusement; mais les Chinois d'ici, avisés par un parlementaire qu'une formidable compagnie de cuirassés apparaîtrait au lever du jour, ont préféré rendre à discrétion la place, et nous avons trouvé en arrivant le pays désert.

Le fort qui commande cette plage—et qui termine la Grande Muraille au point où elle vient aboutir à la mer—a été déclaré «international».

Les pavillons des sept nations alliées y flottent donc ensemble, rangés par ordre alphabétique, au bout de longues hampes que gardent des piquets d'honneur: Allemagne, Autriche, Grande-Bretagne, France, Italie, Japon, Russie.

On s'est partagé ensuite les autres forts disséminés sur les hauteurs d'alentour, et celui qui a été dévolu aux Français est situé à un mille environ du rivage. On y va par une route sablonneuse, bordée de bouleaux, de saules au feuillage frêle, et c'est à travers des jardins, des vergers que l'automne a jaunis en même temps que ceux de chez nous;—des vergers qui d'ailleurs ressemblent parfaitement aux nôtres, avec leurs humbles carrés de choux, leurs citrouilles et leurs alignements de salades. Les maisonnettes aussi, les maisonnettes de bois aperçues çà et là dans les arbres, imitent à peu près celles de nos villages, avec leurs toits en tuiles rondes, leurs vignes qui font guirlande, leurs petits parterres de zinnias, d'asters et de chrysanthèmes... Des campagnes qui devaient être paisibles, heureuses,—et qui, depuis deux jours, se sont dépeuplées en grande épouvante, à l'approche des envahisseurs venus d'Europe.

Par ce frais matin d'octobre, sur la route ombragée qui mène au fort des Français, les matelots et les soldats de toutes les nations se croisent et s'empressent, dans le grand amusement d'aller à la découverte, de s'ébattre en pays conquis, d'attraper des poulets, de faire main basse, dans les jardins, sur les salades et les poires. Des Russes déménagent les bouddhas et les vases dorés d'une pagode. Des Anglais ramènent à coups de bâton des boeufs capturés dans les champs. Des marins de la Dalmatie et d'autres du Japon, très camarades depuis une heure, font en compagnie leur toilette au bord d'un ruisseau. Et deux bersaglieri, qui ont attrapé un petit âne, en se pâmant de rire, s'en vont ensemble à califourchon dessus.

Cependant le triste exode des paysans chinois, commencé depuis hier, se poursuit encore; malgré l'assurance donnée qu'on ne ferait de mal à personne, ceux qui étaient restés se jugent trop près et aiment mieux fuir. Des familles s'en vont tête basse: hommes, femmes, enfants, vêtus de pareilles robes en coton bleu, et tous, chargés de bagage, les plus bébés même charriant des paquets, emportant avec résignation leurs petits oreillers et leurs petits matelas.

Et voici une scène pour fendre l'âme. Une vieille Chinoise, vieille, vieille, peut-être centenaire, pouvant à peine se tenir sur ses jambes, s'en va, Dieu sait où, chassée de son logis où vient s'établir un poste d'Allemands; elle s'en va, elle se traîne, aidée par deux jeunes garçons qui doivent être ses petits-fils et qui la soutiennent de leur mieux, la regardant avec une tendresse et un respect infinis; sans même paraître nous voir, comme n'ayant plus rien à attendre de personne, elle passe lentement près de nous avec un pauvre visage de désespoir, de détresse suprême et sans recours,—tandis que les soldats, derrière elle, jettent dehors, avec des rires, les modestes images de son autel d'ancêtres. Et le beau soleil de ce matin d'automne resplendit tranquillement sur son petit jardin très soigné, fleuri de zinnias et d'asters...

Le fort échu en partage aux Français occupe presque l'espace d'une ville, avec toutes ses dépendances, logements de mandarins et de soldats, usines pour l'électricité, écuries et poudrières. Malgré les dragons qui en décorent la porte et malgré le monstre à griffes que l'on a peint devant l'entrée sur un écran de pierre, il est construit d'après les principes les plus nouveaux, bétonné, casematé et garni de canons Krupp du dernier modèle. Par malheur pour les Chinois, qui avaient accumulé autour de Ning-Haï d'effroyables défenses, mines, torpilles, fougasses et camps retranchés, rien n'était fini, rien n'était à point nulle part; le mouvement contre l'étranger a commencé six mois trop tôt, avant qu'on ait pu mettre en batterie toutes les pièces vendues à Li-Hung-Chang par l'Europe.

Mille de nos zouaves, qui vont arriver demain, occuperont ce fort pendant l'hiver; en attendant, nous venons y conduire une vingtaine de matelots pour en prendre possession.

Et c'est curieux de pénétrer dans ces logis abandonnés en hâte et en terreur, au milieu du désarroi des fuites précipitées, parmi les meubles brisés, les vaisselles à terre. Des vêtements, des fusils, des baïonnettes, des livres de balistique, des bottes à semelle de papier, des parapluies et des drogues d'ambulance sont pêle-mêle, en tas devant les portes. Dans les cuisines de la troupe, des plats de riz attendent encore sur les fourneaux, avec des plats de choux et des gâteaux de sauterelles frites.

Il y a surtout des obus roulant partout, dégringolant des caisses éventrées; des cartouches jonchant le sol, du fulmicoton dangereusement épars, de la poudre répandue en longues traînées couleur de charbon. Mais, à côté de cette débauche de matériel de guerre, des détails drôles viennent attester les côtés de bonhomie de l'existence chinoise: sur toutes les fenêtres, des petits pots de fleurs; sur tous les murs, des petites images collées par des soldats. Au milieu de nous, se promènent des moineaux familiers, que sans doute les habitants du lieu n'inquiétaient jamais. Et des chats, sur les toits, circonspects mais désireux d'entrer en relation, observent quelle sorte de ménage on pourra bien faire par la suite avec les hôtes imprévus que nous sommes.

Tout près, à cent mètres de notre fort, passe la Grande Muraille de Chine. Elle est surmontée en ce point d'un mirador de veille, où des Japonais s'établissent à cette heure et plantent sur un bambou leur pavillon blanc à soleil rouge.
Très souriants toujours, surtout pour les Français, les petits soldats du Japon nous invitent à monter chez eux, pour voir de haut le pays d'alentour.

La Grande Muraille, épaisse ici de sept à huit mètres, descend en talus et en herbages sur le versant chinois, mais tombe verticale sur le versant mandchou, flanquée d'énormes bastions carrés.

Maintenant donc, nous y sommes montés, et, sous nos pieds, elle déploie sa ligne séculaire qui, d'un côté, plonge dans la mer Jaune, mais de l'autre s'en va vers les sommets, s'en va serpentant bien au delà du champ profond de la vue, donnant l'impression d'une chose colossale qui ne doit nulle part finir.

Vers l'Est, on domine, dans la pure lumière, les plaines désertes de la Mandchourie.

Vers l'Ouest—en Chine—les campagnes boisées ont un aspect trompeur de confiance et de paix. Tous les pavillons européens, arborés sur les forts, prennent au milieu de la verdure un air de fête. Il est vrai, dans une plaine, au bord de la plage, s'indique un immense grouillement de cosaques, mais très lointain et dont la clameur n'arrive point ici: cinq mille hommes pour le moins, parmi des tentes et des drapeaux fichés en terre. (Quand les autres puissances envoient à Ning-Haï quelques compagnies seulement, les Russes, au contraire, procèdent par grandes masses, à cause de leurs projets sur la Mandchourie voisine.) Là-bas, toute grise, muette et comme endormie entre ses hauts murs crénelés, apparaît Shan-Haï-Kouan, la ville tartare, qui a fermé ses portes dans l'effroi des pillages. Et sur la mer, près de l'horizon, se reposent les escadres alliées,—tous les monstres de fer aux fumées noires, amis pour l'instant et assemblés en silence dans du bleu immobile.

Un temps calme, exquis et léger. Le prodigieux rempart de la Chine est encore fleuri à cette saison comme un jardin. Entre ses briques sombres, disjointes par les siècles, poussent des graminées, des asters et quantité d'oeillets roses pareils à ceux de nos plages de France....

Sans doute elle ne reverra plus flotter le pavillon jaune et le dragon vert des célestes empereurs, cette muraille légendaire qui avait arrêté pendant des siècles les invasions du Nord; sa période est révolue, passée, finie à tout jamais.

VERS PÉKIN

I

Jeudi 11 octobre 1900.

A midi, par un beau temps calme, presque chaud, très lumineux sur la mer, je quitte le vaisseau amiral, le Redoutable, pour me rendre en mission à Pékin.

C'est dans le golfe de Petchili, en rade de Takou, mais à de telles distances de la côte qu'on ne la voit point, et que rien nulle part n'indique aux yeux la Chine.

Et le voyage commence par quelques minutes en canot à vapeur, pour aller à bord du Bengali, le petit aviso qui me portera ce soir jusqu'à terre.

L'eau est doucement bleue, au soleil d'automne qui, en cette région du monde, reste toujours clair. Aujourd'hui, par hasard, le vent et les lames semblent dormir. Sur la rade infinie, si loin qu'on puisse voir, se succèdent immobiles, comme pointés en arrêt et en menace, les grands vaisseaux de fer. Jusqu'à l'horizon, il y en a toujours, des tourelles, des mâtures, des fumées,—et c'est la très étonnante escadre internationale, avec tout ce qu'elle traîne de satellites à ses côtés: torpilleurs, transports, et légion de paquebots.

Ce Bengali, où je vais m'embarquer pour un jour, est l'un des petits bâtiments français, constamment chargés de troupes et de matériel de guerre, qui, depuis un mois, font le pénible et lassant va-et-vient entre les transports ou les affrétés arrivant de France et le port de Takou, par-dessus la barre du Peï-Ho.

Aujourd'hui, il est bondé de zouaves, le Bengali, de braves zouaves arrivés hier de Tunisie, et qui s'en vont, insouciants et joyeux, vers la funèbre terre chinoise; ils sont serrés sur le pont, serrés à tout touche, avec de bonnes figures gaies et des yeux grands ouverts—pour voir enfin cette Chine qui les préoccupe depuis des semaines et qui est là tout près, derrière l'horizon...

Suivant le cérémonial d'usage, le Bengali en appareillant doit passer à poupe du Redoutable, pour le salut à l'amiral. La musique l'attend, à l'arrière du cuirassé, prête à lui jouer quelqu'un de ces airs de marche dont les soldats se grisent. Et, quand nous passons près du gros vaisseau, presque dans son ombre, tous les zouaves—ceux qui reviendront et ceux qui doivent mourir—tous, pendant que leurs clairons sonnent aux champs, agitent leurs bonnets rouges, avec des hourras, pour ce navire qui représente ici la France à leurs yeux et pour cet amiral qui, du haut de sa galerie, lève sa casquette en leur honneur.

Au bout d'une demi-heure environ, la Chine apparaît.

Et jamais rivage d'une laideur plus féroce n'a surpris et glacé de pauvres soldats nouveaux venus. Une côte basse, une terre grise toute nue, sans un arbre ni un herbage. Et partout des forts de taille colossale, du même gris que la terre; des masses aux contours géométriques, percées d'embrasures de canon. Jamais entrée de pays n'a présenté un attirail militaire plus étalé ni plus agressif; sur les deux bords de l'horrible fleuve aux eaux bourbeuses, ces forts se dressent pareils, donnant le sentiment d'un lieu imprenable et terrible,—laissant entendre aussi que cette embouchure, malgré ses misérables alentours, est d'une importance de premier ordre, est la clef d'un grand État, mène à quelque cité immense, peureuse et riche,—comme Pékin a dû être.

De près, les murs des deux premiers grands forts, éclaboussés, troués, déchiquetés par les obus, laissent voir des brèches profondes, témoignent de furieuses et récentes batailles.

(On sait comment, le jour de la prise de Takou, ils ont tiré à bout portant l'un sur l'autre. Par miracle, un obus français qu'avait lancé le Lion était tombé au milieu de l'un d'eux, amenant l'explosion de son énorme poudrière et l'affolement de ses canonniers jaunes: les Japonais, alors, s'étaient emparés de ce fort-là, pour ouvrir un feu imprévu sur celui d'en face, et aussitôt la déroute chinoise avait été commencée. Sans ce hasard, sans cet obus et cette panique, toutes les canonnières européennes mouillées dans le Peï-Ho étaient inévitablement perdues; le débarquement des forces alliées devenait impossible ou problématique, et la face de la guerre était changée.)

Nous avançons maintenant dans le fleuve, remuant l'eau vaseuse et infecte où flottent des immondices de toute sorte, des carcasses le ventre gonflé, des cadavres humains et des cadavres de bêtes. Et les deux rives sinistres nous montrent, au soleil déclinant du soir, un défilé de ruines, une désolation uniformément noire et grise: terre, cendre et charpentes calcinées. Plus rien, que des murs crevés, des écroulements, des décombres.

Sur ce fleuve aux eaux empestées, une animation fiévreuse, un encombrement au milieu duquel nous avons peine à nous frayer passage. Des jonques par centaines, portant chacune les couleurs et, écrit à l'arrière, le nom de la nation qui l'emploie: France, Italia, United States, etc., en grandes lettres par-dessus des diableries et des inscriptions chinoises. Et une innombrable flottille de remorqueurs, de chalands, de charbonniers, de paquebots.

De même, sur les affreuses berges, sur la terre et sur la vase, parmi les détritus et les bêtes mortes, une activité de fourmilière. Des soldats de toutes les armées d'Europe, au milieu d'un peuple de coolies menés à la baguette, débarquant des munitions, des tentes, des fusils, des fourgons, des mulets, des chevaux: une confusion encore jamais vue, d'uniformes, de ruines, de canons, de débris et d'approvisionnements de toute espèce. Et un vent glacé, qui se lève avec le soir, fait frissonner, après le soleil encore chaud du jour, apporte tout à coup la tristesse de l'hiver...

Devant les ruines d'un quartier où flotte le pavillon de France, le Bengali accoste la lugubre rive, et nos zouaves débarquent, un peu décontenancés par cet accueil sombre que leur fait la Chine. En attendant qu'on leur ait trouvé quelque gîte, assemblés sur une sorte de place qui est là, ils allument par terre des feux que le vent tourmente, et ils font chauffer le petit repas du soir, dans l'obscurité, sans chansons et en silence, parmi les tourbillons d'une infecte poussière.

Au milieu des plaines désertes qui nous envoient cette poussière-là, ce froid, ces rafales, la ville envahie de soldats s'étend dévastée et noire, sent partout la peste et la mort.

Une petite rue centrale, rebâtie à la hâte en quelques jours, avec de la boue, des débris de charpentes et du fer, est bordée de louches cabarets. Des gens accourus on ne sait d'où, métis de toutes les races, y vendent aux soldats de l'absinthe, des poissons salés, de mortelles liqueurs. On s'y enivre et on y joue du couteau.

En dehors de ce quartier qui s'improvise, Takou n'existe plus. Rien que des pans de muraille, des toitures carbonisées, des tas de cendre. Et des cloaques sans nom où croupissent ensemble les hardes, les chiens crevés, les crânes avec les chevelures.

Couché à bord du Bengali, où le commandant m'a offert l'hospitalité. Des coups de fusil isolés traversent de temps à autre le silence nocturne, et, vers le matin, entendus en demi-sommeil, d'horribles cris, poussés sur la berge par des gosiers de Chinois.

Vendredi 12 octobre.

Levé à la pointe de l'aube, pour aller prendre le chemin de fer, qui marche encore jusqu'à Tien-Tsin, et même un peu au delà.—Ensuite, les Boxers ayant détruit la voie, je continuerai je ne sais encore comment, en charrette chinoise, en jonque ou à cheval, et, avant six ou sept jours, à ce que l'on vient de me dire, je ne puis compter voir les grands murs de Pékin. J'emporte un ordre de service, afin que l'on me donne ma ration de campagne aux gîtes d'étape en passant; sans cela je risquerais de mourir de faim dans ce pays dévasté. J'ai pris le moins possible de bagage, rien qu'une cantine légère. Et un seul compagnon de route, un fidèle serviteur amené de France.

A la gare, où j'arrive comme le soleil se lève, retrouvé tous les zouaves d'hier, sac au dos. Pas de billets à prendre pour ce chemin de fer-là: tout ce qui est militaire y monte par droit de conquête. En compagnie de soldats cosaques et de soldats japonais, dans des voitures aux carreaux brisés où le vent fait rage, nos mille zouaves parviennent à se loger. Je trouve place avec leurs officiers,— et bientôt, au milieu du pays funèbre, nous évoquons ensemble des souvenirs de cette Afrique où ils étaient, des nostalgies de Tunis et d'Alger la Blanche...

Deux heures et demie de route dans la morne plaine. D'abord, ce n'est que de la terre grise comme à Takou; ensuite, cela devient des roseaux, des herbages fripés par la gelée. Et il y a partout d'immenses taches rouges, comme des traînées de sang, dues à la floraison automnale d'une espèce de plante de marais. Sur l'horizon de ce désert, on voit s'agiter des myriades d'oiseaux migrateurs, semblables à des nuées qui s'élèvent, tourbillonnent et puis retombent. Le vent souffle du Nord et il fait très froid.

La plaine bientôt se peuple de tombeaux, de tombeaux sans nombre, tous de même forme, sortes de cônes en terre battue surmontés chacun d'une boule en faïence, les uns petits comme des taupinières, les autres grands comme des tentes de campement. Ils sont groupés par famille, et ils sont légion. C'est tout un pays mortuaire, qui ne finit plus de passer sous nos yeux, avec toujours ces mêmes plaques rouges lui donnant un aspect ensanglanté.

Aux stations, les gares détruites sont occupées militairement par des cosaques; on y rencontre des wagons calcinés, tordus par le feu, des locomotives criblées de balles. D'ailleurs, on ne s'y arrête plus, puisqu'il n'y reste rien; les rares villages qui jalonnaient ce parcours ne sont plus que des ruines.

Tien-Tsin! Il est dix heures du matin. Transis de froid, nous mettons pied à terre, au milieu des envolées de poussière noirâtre que perpétuellement le vent du Nord promène sur ce pays desséché. Des coureurs chinois aussitôt s'emparent de nous et, à toutes jambes, avant même de savoir où nous voulons aller, nous entraînent dans leurs petites voitures. Les rues européennes, où nous voici courant (ce qu'on appelle ici les concessions), aperçues comme à travers un nuage de cendre aveuglante, ont des airs de grande ville; mais toutes ces maisons, presque luxueuses, aujourd'hui sont criblées d'obus, éventrées, sans toiture ni fenêtres. Les bords du fleuve, ici comme à Takou, semblent une Babel enfiévrée; des milliers de jonques sont là, débarquant des troupes, des chevaux, des canons. Dans les rues, où des équipes de Chinois transportent du matériel de combat en charges énormes, on croise des soldats de toutes les nations d'Europe, des officiers de toute arme et de tout plumage, à cheval, en pousse-pousse ou à pied. Et c'est, à la course, un perpétuel salut militaire.

Où aller faire tête? Vraiment on n'en sait rien, malgré le désir que l'on a d'un gîte, par ce vent glacé, par cette poussière. Et cependant nos coureurs chinois vont toujours, devant eux, comme des bêtes emballées...

Frappé à la porte de deux ou trois hôtels qui se réinstallent dans des ruines, dans des fouillis de meubles brisés.—Tout est plein, archiplein; à prix d'or, on ne trouverait pas une soupente avec un matelas.

Et il faut, bon gré mal gré, mendier la table et le logis à des officiers inconnus—qui nous donnent d'ailleurs la plus amicale hospitalité, dans des maisons où les trous d'obus ont été bouchés à la hâte et où le vent n'entre plus.

Samedi 13 octobre.

J'ai choisi de voyager en jonque tant que le cours du Peï-Ho le permettra, la jonque étant un logis tout trouvé, dans ce pays où je dois m'attendre à ne rencontrer que des ruines et des cadavres.

Et cela nécessite quantité de petits préparatifs.

D'abord, la réquisitionner, cette jonque, et y faire approprier l'espèce de sarcophage où j'habiterai sous un toit de natte. Ensuite, dans les magasins de Tien-Tsin, tous plus ou moins pillés et démolis, acheter les choses nécessaires à quelques jours de vie nomade, depuis les couvertures jusqu'aux armes. Et enfin, chez les Pères lazaristes, embaucher un Chinois pour faire le thé,—le jeune Toum, quatorze ans, une figure de chat et une queue jusqu'à terre.

Dîné chez le général Frey—qui, à la tête du petit détachement de France, entra le premier, comme chacun sait, au coeur de Pékin, dans la «Ville impériale».

Et il veut bien me conter en détail cette journée magnifique, la prise du «Pont de Marbre», son arrivée ensuite dans cette «Ville impériale», dans ce lieu de mystère que je verrai bientôt, et où jamais, avant lui, aucun Européen n'avait pénétré.

Au sujet de ma petite expédition personnelle, qui à côté de la sienne paraît si anodine et si négligeable, le général a la bonté de s'inquiéter de ce que nous boirons en route, mon serviteur et moi, par ces temps d'infection cadavérique où l'eau est un perpétuel danger, où des débris humains, jetés par les Chinois, macèrent dans tous les puits,—et il me fait un inappréciable cadeau: une caisse d'eau d'Évian.

II

LES DEUX DÉESSES DES BOXERS

Dimanche 14 octobre.

La vieille Chinoise, ridée comme une pomme d'hiver, entr'ouvre avec crainte la porte à laquelle nous avons lourdement frappé. C'est dans la pénombre au fond d'un étroit couloir exhalant des fétidités malsaines, entre des parois que la crasse a noircies, quelque part où l'on se sent muré comme au coeur d'une prison.

Figure d'énigme, la vieille Chinoise nous dévisage tous, d'un regard impénétrable et mort; puis, reconnaissant parmi nous le chef de la police internationale, elle s'efface en silence pour laisser entrer.

Une petite cour sinistre, où nous la suivons. De pauvres fleurs d'arrière-automne y végètent entre des vieux murs et on y respire des puanteurs fades.

Pénétrant là, bien entendu, comme en pays conquis, nous sommes un groupe d'officiers, trois Français, deux Anglais, un Russe.

Quelle étrange créature, notre conductrice, qui va titubant sur la pointe de ses invraisemblables petits pieds! Sa chevelure grise, piquée de longues épingles, est tellement tirée vers le chignon que cela lui retrousse les yeux à l'excès. Sa robe sombre est quelconque; mais sur son masque couleur de parchemin, elle porte au suprême degré ce je ne sais quoi des races usées que l'on est convenu d'appeler la distinction. Ce n'est, paraît-il, qu'une servante à gages; cependant son aspect, son allure déconcertent; quelque mystère semble couver là-dessous; on dirait une douairière très affinée, qui aurait versé dans les honteuses besognes clandestines. Et tout ce lieu, du reste, pour qui ne saurait pas, représenterait plutôt mal...

Après la cour, un vestibule sordide, et enfin une porte peinte en noir, avec une inscription chinoise en deux grandes lettres rouges. C'est là,—et sans frapper, la vieille touche le verrou pour ouvrir.

On pourrait s'y méprendre, mais nous venons en tout bien tout honneur, pour faire visite aux deux déesses—aux «goddesses», comme les appellent avec un peu d'ironie nos deux compagnons anglais,—déesses prisonnières, que l'on

17

garde enfermées au fond de ce palais.—Car nous sommes ici dans les communs, dans les basses dépendances, les recoins secrets du palais des vicerois du Petchili, et il nous a fallu pour y arriver franchir l'immense désolation d'une ville aux murs cyclopéens, qui n'est plus à présent qu'un amas de décombres et de cadavres.

C'était du reste singulier, tout à fait unique—aujourd'hui dimanche, jour de fête dans les campements et les casernes—l'animation de ces ruines, qui se trouvaient par hasard peuplées de soldats joyeux. Dans les longues rues pleines de débris de toute sorte, entre les murs éventrés des maisons sans toiture, circulaient gaiement des zouaves, des chasseurs d'Afrique, bras dessus bras dessous avec des Allemands en casque à pointe; il y avait des petits soldats japonais reluisants et automatiques, des Russes en casquette plate, des bersaglieri emplumés, des Autrichiens, des Américains à grand feutre, et des cavaliers de l'Inde coiffés de turbans énormes. Tous les pavillons d'Europe flottaient sur ces dévastations de Tien-Tsin, dont les armées alliées ont fait le partage. En certains quartiers, des Chinois, peu à peu revenus après leur grande fuite, maraudeurs surtout et gens sans aveu, avaient établi, en plein air frais, au beau soleil de ce dimanche d'automne, des bazars, parmi la poussière grise des démolitions et la cendre des incendies, pour vendre aux soldats des choses ramassées dans les ruines, des potiches, des robes de soie, des fourrures. Et il y en avait tant, de ces soldats, tant et tant d'uniformes de toute espèce sur la route, tant et tant de factionnaires présentant les armes, qu'on se fatiguait le bras à rendre les continuels saluts militaires reçus au passage, dans cette Babel inouïe.

Au bout de la ville détruite, près des hauts remparts, devant ce palais des vicerois où nous nous rendions pour voir les déesses, des Chinois à la cangue étaient alignés le long du mur, sous des écriteaux indiquant leurs méfaits. Et deux piquets gardaient les portes, baïonnette au fusil, l'un d'Américains, l'autre de Japonais, à côté des vieux monstres en pierre au rictus horrible qui, suivant la mode chinoise, veillaient accroupis de chaque côté du seuil.

Rien de bien somptueux, dans ce palais de décrépitude et de poussière, que nous avons distraitement traversé; rien de grand non plus, mais de la vraie Chine, de la très vieille Chine, grimaçante et hostile; des monstres à profusion, en marbre, en faïence brisée, en bois vermoulu, tombant de vétusté dans les cours, ou menaçant au bord des toits; des formes affreuses, partout esquissées sous la cendre et l'effacement du temps; des cornes, des griffes, des langues fourchues et de gros yeux louches. Et dans des cours tristement murées, quelques roses de fin de saison, fleurissant encore, sous des arbres centenaires.

Maintenant donc, après beaucoup de détours dans des couloirs mal éclairés, nous voici devant la porte des déesses, la porte marquée de deux grandes lettres rouges. La vieille Chinoise alors, toujours mystérieuse et muette, tenant le front haut, mais baissant obstinément son regard sans vie, pousse devant nous les battants noirs, avec un geste de soumission qui signifie: Les voilà, regardez!

Au milieu d'un lamentable désordre, dans une chambre demi-obscure où n'entre pas le soleil du soir et où commence déjà le crépuscule, deux pauvres filles, deux soeurs qui se ressemblent, sont assises tête basse, effondrées plutôt, en des poses de consternation suprême, l'une sur une chaise, l'autre sur le bord du lit d'ébène qu'elles doivent partager pour dormir. Elles portent d'humbles robes noires; mais çà et là par terre, des soies éclatantes sont jetées comme choses perdues, des tuniques brodées de grandes fleurs et de chimères d'or: les parures qu'elles mettaient pour aller sur le front des armées, parmi les balles sifflantes, aux jours de bataille; leurs atours de guerrières et de déesses...

Car elles étaient des espèces de Jeanne d'Arc—si ce n'est pas un blasphème que de prononcer à propos d'elles ce nom idéalement pur,—elles étaient des filles-fétiches que l'on postait dans les pagodes criblées d'obus pour en protéger les autels, des inspirées qui marchaient au feu avec des cris pour entraîner les soldats. Elles étaient les déesses de ces incompréhensibles Boxers, à la fois atroces et admirables, grands hystériques de la patrie chinoise, qu'affolaient la haine et la terreur de, l'étranger,—qui tel jour s'enfuyaient peureusement sans combattre, et, le lendemain, avec des clameurs de possédés, se jetaient à l'arme blanche au-devant de la mort, sous des pluies de balles, contre des troupes dix fois plus nombreuses.

Captives à présent, les déesses sont la propriété—et le bibelot curieux, si l'on peut dire—des sept nations alliées. On ne les maltraite point. On les enferme seulement, de peur qu'elles ne se suicident, ce qui est devenu leur idée fixe.

Dans la suite, quel sera leur sort? Déjà on se lasse de les voir, on ne sait plus qu'en faire.

Cernées, un jour de déroute, dans une jonque où elles venaient de se réfugier, elles s'étaient jetées dans le fleuve, avec leur mère qui les suivait toujours. Au fond de l'eau, des soldats les repêchèrent toutes les trois, évanouies. Elles, les déesses, après des soins très longs, reprirent leurs sens. Mais la maman ne rouvrit jamais ses yeux obliques de vieille Chinoise, et on fit croire à ses filles qu'elle était soignée dans un hôpital, d'où elle ne tarderait pas à revenir. D'abord, les prisonnières étaient braves, très vivantes, hautaines même, et toujours parées. Mais ce matin, on leur a dit qu'elles n'avaient plus de mère, et c'est là ce qui vient de les abattre comme un coup de massue.

N'ayant pas d'argent pour s'acheter des robes de deuil, qui en Chine se portent blanches, elles ont demandé au moins ces bottines de cuir blanc, qui chaussent à cette heure leurs pieds de poupée, et qui sont essentielles ici, comme chez nous le voile de crêpe.

Frêles toutes deux, d'une pâleur jaune de cire, à peine jolies, avec une certaine grâce quand même, un certain charme comme il faut, elles restent là, l'une devant l'autre, sans larmes, les yeux rivés à terre et les bras tombants. Leurs regards désolés ne se lèvent même pas pour savoir qui entre, ni ce qu'on leur veut; elles n'ont pas un mouvement à notre arrivée, pas un geste, pas un sursaut. Rien ne leur est plus. C'est l'indifférence à toute chose, dans l'attente de la mort.

Et voici qu'elles nous inspirent un respect inattendu, par la dignité de leur désespoir, un respect, et surtout une compassion infinie. Nous ne trouvons rien à nous dire, gênés à présent d'être là, comme d'une inconvenance que nous aurions commise.

L'idée nous vient alors de déposer des dollars en offrande sur le lit défait; mais l'une des soeurs, toujours sans paraître nous voir, jette les pièces à terre et, d'un signe, invite la servante à en disposer pour elle-même... Allons, ce n'était de notre part qu'une maladresse de plus...

Il y a de tels abîmes d'incompréhension entre des officiers européens et des déesses de Boxers, que même notre pitié ne peut sous aucune forme leur être indiquée. Et, nous qui étions venus pour être amusés d'un spectacle curieux, nous repartons en silence, gardant, avec un serrement de coeur, l'image des deux pauvres anéanties, en prison dans la triste chambre où le soir tombe.

Ma jonque, équipée de cinq Chinois quelconques, remontera le fleuve sous pavillon français, il va sans dire, et ce sera déjà une sauvegarde. Toutefois, le service des étapes a jugé plus prudent, bien que nous soyons armés, mon serviteur et moi, de m'adjoindre deux soldats—deux cavaliers du train avec fusils et munitions.

Au delà de Tien-Tsin, où j'ai passé encore la journée, on peut faire route en chemin de fer une heure de plus dans la direction de Pékin, jusqu'à la ville de Yang-Soun. Ma jonque, emportant mes deux cavaliers, Toum et mon bagage, ira donc là m'attendre, à un tournant du fleuve, et elle est partie en avant aujourd'hui même, en compagnie d'un convoi militaire.

Et je dîne ce soir au consulat général,—que les obus ont à peu près épargné, comme à miracle, bien que son pavillon, resté bravement en l'air pendant le siège, ait longtemps servi de point de mire aux canonniers chinois.

III

Lundi 15 octobre.

Départ de Tien-Tsin en chemin de fer, à huit heures du matin. Une heure de route, à travers la même plaine toujours, la même désolation, le même vent cinglant, la poussière. Et puis, ce sont les ruines calcinées de Yang-Soun, où le train s'arrête parce qu'il n'y a plus de voie: à partir de ce point, les Boxers ont tout détruit; les ponts sont coupés, les gares brûlées et les rails semés au hasard dans la campagne.

Ma jonque est là, m'attendant au bord du fleuve.

Et à présent il va falloir, pour trois jours au moins, s'arranger une existence de lacustre, dans le sarcophage qui est la chambre de l'étrange bateau, sous le toit de natte qui laisse voir le ciel par mille trous et qui, cette nuit, laissera la gelée blanche engourdir notre sommeil. Mais c'est si petit, si petit, cette chambre où je devrai habiter, manger, dormir, en promiscuité complète avec mes compagnons français, que je congédie l'un des soldats; jamais nous ne pourrions tenir là dedans quatre ensemble.

Les Chinois de mon équipage, dépenaillés, sordides, figures niaises et féroces, m'accueillent avec de grands saluts. L'un prend le gouvernail, les autres sautent sur la berge, vont s'atteler au bout d'une longue amarre fixée au mât de la jonque,—et nous partons à la cordelle, remontant le courant du Peï-Ho, l'eau lourde et empoisonnée où çà et là, parmi les roseaux des bords, ballonnent des ventres de cadavre.

Il s'appelle Renaud, celui des deux soldats que j'ai gardé, et il m'apprend qu'il est un paysan du Calvados. Les voilà donc, mon serviteur Osman et lui, rivalisant de bon vouloir et de gaieté, d'ingénieuses et comiques petites inventions pour accommoder notre logis d'aventure,—l'un et l'autre, du reste, dans la joie d'aller à Pékin; le voyage, malgré les ambiances lugubres, commence au bruit de leurs bons rires d'enfants. Et c'est en pleine lumière matinale, ce départ, au rayonnement d'un soleil trompeur, qui joue l'été quand la bise est glacée.

Les sept nations alliées ont établi des postes militaires, de distance en distance, le long du Peï-Ho, pour assurer leurs communications par la voie du fleuve, entre Pékin et le golfe du Petchili où leurs navires arrivent. Et, vers onze heures, j'arrête ma jonque devant un grand fort chinois sur lequel flotte le pavillon de France.

C'est un de nos «gîtes d'étape», occupé par des zouaves; nous y descendons pour y toucher nos vivres de campagne: deux jours de pain, de vin, de conserves, de sucre et de thé. Nous ne recevrons plus rien maintenant jusqu'à Tong-Tchéou (Ville de la Pureté céleste), où nous arriverons après-demain soir, si rien de fâcheux ne nous entrave. Ensuite, le halage de la jonque recommence, lent et monotone entre les tristes berges dévastées.

Le paysage autour de nous demeure immuablement pareil. Des deux bords, se succèdent à perte de vue des champs de «sorghos»,—qui sont des espèces de millets géants, beaucoup plus hauts que nos maïs; la guerre n'a pas permis qu'ils fussent moissonnés en leur saison, et la gelée les a roussis sur place. Le petit chemin de halage, étroit sur la terre grisâtre, s'en va toujours de même, au ras de l'eau fétide et froide, au pied des éternels sorghos desséchés, qui se dressent le long du fleuve en rideau sans fin.

Parfois un fantôme de village apparaît, à l'horizon plat: ruines et cadavres si l'on s'approche.

J'ai sur ma jonque un fauteuil de mandarin, pour trôner au soleil splendide, quand la bise ne cingle pas trop fort. Le plus souvent, je préfère aller marcher sur la berge, faire des kilomètres en compagnie de nos haleurs, qui vont toujours leur pas de bête de somme, courbés vers le sol et la cordelle passée à l'épaule. Osman et Renaud me suivent, l'oeil au guet, et, dans ce vent de Nord qui souffle toujours, nous marchons, sur la piste de terre grise, resserrés entre la bordure ininterrompue des sorghos et le fleuve,—obligés parfois à un brusque écart, pour quelque cadavre sournois qui nous guette, la jambe tendue en travers du chemin.

Les événements de la journée sont des rencontres de jonques qui descendent le fleuve et croisent la nôtre. Elles s'en vont en longues files, amarrées ensemble, portant le pavillon de quelqu'une des nations alliées, et ramenant des malades, des blessés, du butin de guerre.

Les plus nombreuses et les plus chargées de troupes valides, sont les russes,—car nos amis en ce moment évacuent leurs positions d'ici pour concentrer sur la Mandchourie leur effort.

Au crépuscule, passé devant les ruines d'un village où des Russes s'installent en campement pour la nuit. D'une maison abandonnée, ils déménagent des meubles sculptés, les brisent et y mettent le feu. En nous éloignant, nous voyons la flamme monter en gerbe haute et gagner les sorghos voisins; longtemps elle jette une lueur d'incendie, derrière nous, au milieu des grisailles mornes et vides du lointain. Elle est sinistre, cette première tombée de nuit sur notre jonque, dans la solitude si étrangère où nous nous enfonçons d'heure en heure plus avant. Tant d'ombre autour de nous, et tant de morts parmi ces herbages! Dans le noir confus et infini, rien que des ambiances hostiles ou macabres... Et ce froid, qui augmente avec l'obscurité, et ce silence!...

L'impression mélancolique cependant s'évanouit au souper, quand s'allume notre lanterne chinoise, éclairant le sarcophage que nous avons fermé le mieux possible au vent de la nuit. J'ai invité à ma table mes deux compagnons de route,—à ma très comique petite table, qu'eux-mêmes ont fabriquée, d'un aviron cassé et d'une vieille planche. Le pain de munition nous paraît exquis, après la longue marche sur la rive; nous avons pour nous réchauffer le thé bouillant que nous prépare le jeune Toum, à la fumée, sur un feu de sorghos, et voici que, la faim assouvie, les cigarettes turques épandant leur petit nuage charmeur, on a presque un sentiment de chez soi et de confortable, dans ce gîte de rien, enveloppé de vastes ténèbres.

Puis, vient l'heure de dormir,—tandis que la jonque chemine toujours et que nos haleurs continuent leur marche courbée, frôlant les sorghos pleins de surprises, dans le sentier noir. Toum, bien qu'il soit un Chinois élégant, ira nicher avec les autres de sa race, à fond de cale, dans la paille. Et nous, tout habillés, bien entendu, tout bottés et les armes à portée de la main, nous nous étendons sur l'étroit lit de camp de la chambre,—regardant les étoiles qui, sitôt le fanal éteint, apparaissent entre les mailles de notre toit de natte, très scintillantes dans le ciel de gelée.

Coups de fusil de temps à autre, à l'extrême lointain; drames nocturnes auxquels vraisemblablement nous ne serons pas mêlés. Et deux alertes avant minuit, pour un poste de Japonais et un poste d'Allemands qui veulent arrêter la jonque: il faut se lever, parlementer, et, à la lueur du fanal rallumé en hâte, montrer le pavillon français et les galons de mes manches.

A minuit enfin, nos Chinois amarrent notre bateau, en un lieu qu'ils disent sûr, pour aller se coucher aussi. Et nous nous endormons tous, d'un profond sommeil, dans la nuit glaciale.

IV

Mardi 16 octobre.

Réveil au petit jour, pour faire lever et repartir notre équipage.

A l'aube froide et magnifique, à travers la limpidité d'un ciel rose, le soleil surgit et rayonne sans chaleur sur la plaine d'herbages, sur le lieu désert où nous venons de dormir.

Et tout de suite je saute à terre, pressé de marcher, de m'agiter, dans un besoin irréfléchi de mouvement et de vitesse... Horreur! A un détour du sentier de halage, courant à l'étourdie sans regarder à mes pas, je manque de marcher sur quelque chose qui gît en forme de croix: un cadavre, nu, aux chairs grisâtres, couché sur le ventre, les bras éployés, à demi enfoui dans la vase dont il a pris la couleur; les chiens ou les corbeaux l'ont scalpé, ou bien les autres Chinois pour lui voler sa queue, et son crâne apparaît tout blanc, sans chevelure et sans peau...

Il fait de jour en jour plus froid, à mesure que nous nous éloignons de la mer, et que la plaine s'élève par d'insensibles pentes.

Comme hier, les jonques passent, redescendent le fleuve à la file, en convois militaires gardés par des soldats de toutes les nations d'Europe. Ensuite, reviennent de longs intervalles de solitude pendant lesquels rien de vivant n'apparaît plus dans cette région de millets et de roseaux. Le vent qui souffle, de plus en plus âpre malgré le resplendissant soleil, est salubre, dilate les poitrines, double momentanément la vie. Et, dans l'éternel petit sentier qui mène à Pékin, sur la gelée blanche, entre les sorghos et le fleuve, on marche, sans fatigue, même avec une envie de courir, en avant des Chinois mornes qui, penchés sur la cordelle, traînent toujours notre maison flottante, en gardant leur régularité de machine.

Il y a quelques arbres maintenant sur les rives, des saules aux feuilles puissamment vertes, d'une variété inconnue chez nous; l'automne semble ne les avoir pas effleurés, et leur belle couleur tranche sur la nuance rouillée des herbages et des sorghos mourants. Il y a des jardins aussi, jardins à l'abandon autour des hameaux incendiés; nos Chinois y détachent chaque fois quelqu'un des leurs, en maraude, qui rapporte dans la jonque des brassées de légumes pour les repas.

Osman et Renaud, en passant dans les maisons en ruine, ramassent aussi quelques objets qu'ils jugent nécessaires à l'embellissement de notre logis: un petit miroir, des escabeaux sculptés, des lanternes, même des piquets de fleurs artificielles en papier de riz, qui ont dû orner la coiffure de dames chinoises massacrées ou en fuite, et dont ils décorent naïvement les parois de la chambre. L'intérieur de notre sarcophage prend bientôt, par leurs soins, un air de recherche tout à fait barbare et drôle.

C'est étonnant, du reste, combien on s'habituerait vite à cette existence si complètement simplifiée de la jonque, existence de saine fatigue, d'appétit dévorant et de lourd sommeil.

Vers le soir de cette journée, les montagnes de Mongolie, celles qui dominent Pékin, commencent de se dessiner, en petite découpure extra lointaine, tout au ras de l'horizon, tout au bout de ce pays infiniment plat.

Mais le crépuscule d'aujourd'hui a je ne sais quoi de particulièrement lugubre. C'est un point où le Peï-Ho sinueux, qui s'est rétréci d'heure en heure, à chacun de ses détours, semble n'être plus qu'un ruisseau entre les deux silencieuses rives et on se sent presque serré de trop près par les fouillis d'herbages, receleurs de sombres choses. Et puis le jour s'éteint dans ces nuances froides et mortes spéciales aux soirs des hivers du Nord. Tout ce qui reste de clartés éparses se réunit sur l'eau, qui luit plus que le ciel; le fleuve, comme un miroir glacé, reflète les jaunes du couchant; on dirait même qu'il en exagère la lueur triste, entre les images renversées des roseaux, des sorghos monotones, et de quelques arbres en silhouettes déjà noires. L'isolement est plus immense qu'hier. Le froid et le silence tombent sur les épaules comme un linceul. Et il y a une mélancolie pénétrante, à subir le lent enveloppement de la nuit, en ce lieu quelconque d'un pays sans asile; il y a une angoisse à regarder les derniers reflets des roseaux proches, qui persistent encore à la surface de ce fleuve chinois, tandis que l'obscurité, en avant de notre route, achève d'embrouiller les lointains hostiles et inconnus...

Heureusement voici l'heure du souper, heure désirée, car nous avons grand'faim. Et dans le petit réduit que nous fermerons, je vais retrouver la lumière rouge de notre lanterne, l'excellent pain de soldat, le thé fumant servi par Toum, et la gaieté de mes deux braves serviteurs.

Vers neuf heures, comme nous venions de dépasser un groupe de jonques pleines de monde, et purement chinoises—jonques de maraudeurs, vraisemblablement,—des cris s'élèvent derrière nous, des cris de détresse et de mort, d'horribles cris dans ce silence... Toum, qui prête son oreille fine et comprend ce que ces gens disent, explique qu'ils sont en train de tuer un vieux, parce qu'il a volé du riz... Nous ne sommes pas en nombre et d'ailleurs pas assez sûrs de nos gens pour intervenir. Dans leur direction, je fais seulement tirer en l'air deux coups de feu, qui jettent leur fracas de menace au milieu de la nuit,—et tout se tait comme par enchantement; nous avons sans doute sauvé la tête de ce vieux voleur de riz, au moins jusqu'à demain matin.

Et c'est la tranquillité ensuite jusqu'au jour. A minuit, amarrés n'importe où parmi les roseaux, nous nous endormons d'un sommeil qui n'est plus inquiété. Grand calme et grand froid, sous le regard des étoiles. Quelques coups de fusil au loin; mais on y est habitué, on les entend sans les entendre, ils ne réveillent plus.

Mercredi 17 octobre.

Lever à l'aube, pour aller courir sur la berge, dans la gelée blanche, aux premières lueurs roses, et bientôt au beau soleil clair.

Ayant voulu prendre un raccourci, à travers les éternels champs de sorghos, pour rejoindre plus loin la jonque obligée de suivre un long détour du fleuve, nous traversons au soleil levant les ruines d'un hameau où gisent d'affreux cadavres tordus; sur leurs membres noircis, la glace déposée en petits cristaux brille comme une couche de sel.

Après le dîner de midi, quand nous sortons du sarcophage demi-obscur, nos Chinois nous indiquent de la main l'horizon. Tong-Tchéou, la «Ville de la Pureté céleste», est là-bas, qui commence d'apparaître: grandes murailles noires, surmontées de miradors; tour étonnamment haute et frêle, de silhouette très chinoise, à vingt toitures superposées.

Tout cela reste lointain encore, et les premiers plans autour de nous sont plutôt effroyables. D'une jonque échouée sort un long bras de mort aux chairs bleues. Et des cadavres de bestiaux, qu'emporte le courant, passent en cortège à nos côtés, tout gonflés et sentant la peste bovine. On a dû aussi violer par là quelque cimetière, car, sur la vase des berges, il y a des cercueils éventrés, vomissant leurs os et leurs pourritures.

V

A Tong-Tchéou

Tong-Tchéou, occupant deux ou trois kilomètres de rivage, était une de ces immenses villes chinoises, plus peuplées que bien des capitales d'Europe, et dont on sait à peine le nom chez nous. Aujourd'hui, ville fantôme, il va sans dire; si l'on s'approche, on ne tarde pas à s'apercevoir que tout n'est plus que ruines et décombres.

Lentement nous arrivons. Au pied des hauts murs crénelés et peints en noir de catafalque, des jonques se pressent le long du fleuve. Et sur la berge, c'est un peu l'agitation de Takou et de Tien-Tsin,—compliquée de quelques centaines de chameaux mongols, accroupis dans la poussière.

Rien que des soldats, des envahisseurs, des canons, du matériel de combat. Des cosaques, essayant des chevaux capturés, parmi les groupes vont et viennent au triple galop, comme des fous, avec de grands cris sauvages.

Les diverses couleurs nationales des alliés européens sont arborées à profusion de toutes parts, flottent en haut des noires murailles trouées de boulets, flottent sur les campements, sur les jonques, sur les ruines. Et le vent continuel, le vent implacable et glacé, promenant l'infecte poussière avec l'odeur de la mort, tourmente ces drapeaux partout plantés, qui donnent un air ironique de fête à tant de dévastation.

Je cherche où sont les pavillons de France, afin d'arrêter ma jonque, devant notre quartier, et de me rendre de suite au «gîte d'étape»; j'ai ce soir à y toucher nos rations de campagne; en outre, ne pouvant continuer plus loin mon voyage par le fleuve, je dois me procurer, à l'artillerie, pour demain matin, une charrette et des chevaux de selle.

Devant un quartier qui semble nous appartenir, quand je mets pied à terre, sur des détritus et des immondices sans nom, je demande à des zouaves qui sont là le chemin du «gîte d'étape», et tout de suite, empressés et gentils, ils m'offrent d'y venir avec moi.

Nous nous dirigeons donc ensemble vers une grande porte, percée dans l'épaisseur des murs noirs.

A cette entrée de ville, on a établi, avec des cordes et des planches, un parc à bétail, pour la nourriture des soldats. Parmi quelques maigres boeufs encore vivants, il y en a trois ou quatre par terre, morts de la peste bovine, et une corvée de Chinois vient en ce moment les tirer par la queue, pour les entraîner dans le fleuve, au rendez-vous général des carcasses.

Et nous pénétrons dans une rue où des soldats de chez nous s'emploient à divers travaux d'arrangement, au milieu de débris amoncelés. Les maisons, aux portes et aux fenêtres brisées, laissent voir leur intérieur lamentable, où tout est en lambeaux, cassé, déchiré comme à plaisir. Et dans l'épaisse poussière que soulèvent le vent de Nord et le piétinement de nos hommes, flotte une intolérable odeur de cadavre.

Pendant deux mois, les rages de destruction, les frénésies de meurtre se sont acharnées sur cette malheureuse «Ville de la Pureté céleste», envahie par les troupes de huit ou dix nations diverses. Elle a subi les premiers chocs de toutes les haines héréditaires. Les Boxers d'abord y ont passé; Les Japonais y sont venus, héroïques petits soldats dont je ne voudrais pas médire, mais qui détruisent et tuent comme autrefois les armées barbares. Encore moins voudrais-je médire de nos amis les Russes; mais ils ont envoyé ici des cosaques voisins de la Tartarie, des Sibériens à demi Mongols; tous gens admirables au feu mais entendant encore les batailles à la façon asiatique. Il y est venus de cruels cavaliers de l'Inde, délégués par la Grande-Bretagne. L'Amérique y a lâché ses mercenaires. Et il n'y restait déjà plus rien d'intact quand sont arrivés, dans la première excitation de vengeance contre les atrocités chinoises, les Italiens, les Allemands, les Autrichiens, les Français.

Le commandant et les officiers du «gîte d'étape» se sont improvisé des logis et des bureaux dans de grandes maisons chinoises dont on a relevé en hâte les toitures et réparé les murailles. Sur la rudesse et la misère de leur installation, tranchent quelques hautes potiches, quelques boiseries somptueuses, trouvées intactes parmi les décombres.

Ils veulent bien me promettre les voitures et les chevaux pour demain matin, rendus au lever du soleil sur la berge devant ma jonque. Et, quand tout est convenu, il me reste à peu près une heure de jour: je m'en vais errer dans les ruines de la ville, escorté de ma petite suite armée, Osman, Renaud et le Chinois Toum.

A mesure que l'on s'éloigne du quartier où la présence de nos soldats entretient un peu de vie, l'horreur augmente, avec la solitude et le silence...

D'abord, la rue des marchands de porcelaine, les grands entrepôts où s'emmagasinaient les produits des fabriques de Canton. Ce devait être une belle rue, à en juger par les débris de devantures sculptées et dorées qui subsistent encore. Aujourd'hui, les magasins béants, crevés de toutes parts, semblent vomir sur la chaussée leurs monceaux de cassons. On marche sur l'émail précieux, peint de fleurs éclatantes, qui forme couche par terre, et que l'on écrase en passant. Il n'y a pas à rechercher de qui ceci est l'oeuvre, et c'était fait d'ailleurs quand nos troupes sont entrées. Mais vraiment il a fallu s'acharner des journées entières à coups de botte, à coups de crosse, pour piler si menu toutes ces choses: les potiches, réunies ici par milliers, les plats, les assiettes, les tasses, tout cela est broyé, pulvérisé,—avec des restes humains et des chevelures.

Tout au fond de ces entrepôts, les porcelaines plus grossières occupaient des espèces de cours intérieures,—qui sont particulièrement lugubres ce soir, au jour baissant, entre leurs vieux murs. Dans une de ces cours, où nous venons d'entrer, un chien galeux travaille à tirer, tirer quelque chose de dessous des piles d'assiettes cassées: le cadavre d'un enfant dont le crâne est ouvert. Et le chien commence de manger ce qui reste de chair pourrie aux jambes de ce petit-mort.

Personne, naturellement, dans les longues rues dévastées, où les charpentes ont croulé, avec les tuiles et les briques des murs. Des corbeaux qui croassent dans le silence. D'affreux chiens, repus de cadavres, qui s'enfuient devant nous, le ventre lourd et la queue basse. A peine, de loin en loin, quelques rôdeurs chinois, gens de mauvais aspect qui cherchent encore à piller dans des ruines, ou pauvres dépossédés, échappés au massacre, qui reviennent peureusement, longeant les murailles, voir ce qu'on a fait de leur logis.

Le soleil est déjà très bas, et, comme chaque soir, le vent augmente; on frissonne d'un froid soudain. Les maisons vides s'emplissent d'ombre.

Elles sont tout en profondeur, ces maisons d'ici, avec des recoins, des séries de cours, des petits bassins à rocailles, des jardinets mélancoliques. Quand on a franchi le seuil, que gardent les toujours pareils monstres en granit, usés par le frottement des mains, on s'engage dans des détours qui n'en finissent plus. Et les détails intimes de la vie chinoise se révèlent touchants et gentils, dans l'arrangement des pots de fleurs, des plates-bandes, des petites galeries où courent des liserons et des vignes.

Là, traînent des jouets, une pauvre poupée, appartenant sans doute à quelque enfant dont on aura fracassé la tête. Là, une cage est restée suspendue; même l'oiseau y est encore, pattes en l'air et desséché dans un coin.

Tout est saccagé, arraché, déchiré; les meuble, éventrés; le contenu des tiroirs, les papiers, épandus par terre, avec des vêtements marqués de larges taches rouges, avec des tout petits souliers de dame chinoise barbouillés de sang. Et çà et là, des jambes, des mains, des têtes coupées, des paquets de cheveux.

En certains de ces jardinets, les plantes qu'on ne soigne plus continuent gaiement de s'épanouir, débordent dans les allées, par-dessus les débris humains. Autour d'une tonnelle, où se cache un cadavre de femme, des volubilis roses sont délicieusement fleuris en guirlande,—encore ouverts à cette heure tardive de la journée et malgré le froid des nuits, ce qui déroute nos idées d'Europe sur les volubilis.

Au fond d'une maison, dans un recoin, dans une soupente noire, quelque chose remue!... Deux femmes, cachées là, pitoyablement tapies... De se voir découvertes, la terreur les affole, et nous les avons à nos pieds, tremblant, criant, joignant les mains pour demander grâce. L'une jeune, l'autre un peu vieille, et se ressemblant toutes deux; la mère et la fille.—«Pardon, monsieur, pardon! nous avons grand'peur...» traduit avec naïveté le petit Toum, qui comprend leurs mots entrecoupés. Évidemment, elles attendent de nous les pires choses et la mort... Et depuis combien de temps vivent-elles dans ce trou, ces deux pauvres Chinoises, pensant leur fin venue chaque fois que des pas résonnent sur les pavés de la cour déserte?... Nous laissons à portée de leurs mains quelques pièces de monnaie, qui les humilient peut-être et ne leur serviront guère; mais nous ne pouvons rien de plus,—que ça, et nous en aller.

Autre maison, maison de riches, celle-ci, avec un grand luxe de pots à fleurs en porcelaine émaillée, dans les jardinets tristes. Au fond d'un appartement déjà sombre (car décidément la nuit vient, l'imprécision crépusculaire est commencée)—déjà sombre, mais pas trop saccagée, avec de grands bahuts, de beaux fauteuils encore intacts,—Osman tout à coup recule avec effroi devant quelque chose qui sort d'un seau posé sur le plancher: deux cuisses décharnées, la moitié inférieure d'une femme, fourrée dans ce seau les jambes en l'air!... La maîtresse de cet élégant logis sans doute... Le corps?... Qui sait ce qu'on en a fait, du corps? Mais la tête, la voici: sous ce fauteuil, près d'un chat crevé, c'est sûrement ce paquet noir, où l'on voit s'ouvrir une bouche et des dents, parmi de longs cheveux.

En dehors des grandes voies à peu près droites, qui laissent paraître d'un bout à l'autre leur vide désolé, il y a les ruelles sans vue, tortueuses, aboutissant à des murs gris,—et ce sont les plus lugubres à franchir, au crépuscule et au chant des corbeaux, avec ces petits gnomes de pierre gardant des portes effarantes, avec ces têtes de mort à longue queue traînant partout sur les pavés. Il y a des tournants, baignés d'ombre glacée, que l'on aborde avec un serrement de coeur... Et c'est fini, pour rien au monde nous n'entrerions plus, à l'heure qu'il est, entre chien et loup, dans ces maisons épouvantablement muettes, où l'on fait trop de macabres rencontres...

Nous étions allés loin dans la ville, dont l'horreur et le silence nous deviennent intolérables, à cette tombée de nuit. Et nous retournons vers le quartier des troupes, cinglés par le vent de Nord, transis par le froid et l'obscurité; nous retournons bon pas, les cassons de porcelaine craquant sous nos pieds, avec mille débris qui ne se définissent plus.

La berge, à notre retour, est garnie de soldats qui se chauffent et font cuire leurs soupes à des feux clairs, en brûlant des fauteuils, des tables, des morceaux de sculptures ou de charpentes. Et tout cela, au sortir des rues dantesques, nous paraît du confort et de la joie.

Près de notre jonque, il y a une cantine, improvisée par un Maltais, où l'on vend des choses à griser les soldats. Et j'envoie mes gens y prendre, pour notre souper, des liqueurs à leur choix, car nous avons besoin nous aussi d'être réchauffés, égayés si possible, et nous ferons la fête comme les autres, avec de la soupe fumante, du thé, de la chartreuse, je ne sais quoi encore,—dans notre petit logis de natte, amarré cette fois sur la vase empestée, sur les horribles détritus, et enveloppé comme toujours de tous côtés par la grande froidure noire.

Au dessert, à l'heure des cigarettes dans le sarcophage, Renaud, à qui j'ai donné la parole, me conte que son escadron est campé au bord d'un cimetière chinois de Tien-Tsin et que les soldats d'une autre nation européenne (je préfère ne pas dire laquelle), campés dans le voisinage, passent leur temps à fouiller les tombes pour prendre l'argent qu'on a coutume d'enterrer avec les cadavres.

—Moi, dit-il, moi, mon colonel (pour lui, je suis mon colonel; il ignore l'appellation maritime de commandant qui chez nous est d'usage jusqu'aux cinq galons d'or), moi, je ne trouve pas que c'est bien: ça a beau être des Chinois, il faut laisser les morts tranquilles. Et puis, ça me dégoûte, ils coupent leur viande de ration sur les planches de cercueil! Et moi, je leur fais voir: «Au moins coupez donc là, sur le dessus; pas sur le dedans, qui a touché le macchabée.» Mais ces sauvages-là, mon colonel, ils s'en foutent!

VI

Jeudi 18 octobre.

C'est une surprise, de se réveiller sous un ciel bas et sombre. Nous comptions avoir, comme les matins précédents, ce soleil des automnes et des hivers de Chine, presque jamais voilé, qui rayonne et chauffe même lorsque tout gèle à pierre fendre, et qui nous avait aidés jusqu'ici à supporter les visions de la route. Mais un vélum épais s'est tendu pendant la nuit au-dessus de nos têtes...

Quand nous ouvrons notre porte de jonque, au petit jour à peine naissant, nos chevaux et nos charrettes sont là, qui viennent d'arriver. Sur le sinistre bord, des Mongols, parmi leurs chameaux, se tiennent accroupis autour de feux qui ont brûlé toute la nuit dans la poussière, et, derrière leurs groupes immobilisés, les hautes murailles de la ville, d'un noir d'encre, montent vers l'obscurité des nuages.

Dans la jonque, confiée à deux marins du détachement de Tong-Tchéou qui la garderont jusqu'à notre retour, nous laissons notre petit matériel de nomades—et ce que nous possédons de plus précieux, les dernières des bouteilles d'eau pure que le général nous avait données.

Nous faisons cette dernière étape en compagnie du consul général de France à Tien-Tsin et du chancelier de la légation, qui l'un et l'autre montent à Pékin, escortés d'un maréchal des logis et de trois ou quatre hommes de l'artillerie.

Longue route monotone, par un matin froid et gris, à travers des champs de sorghos roussis par les premières gelées, à travers des villages saccagés et désertés où rien ne bouge plus: campagnes de deuil et d'automne, sur lesquelles commence de tomber lentement une petite pluie triste.

Par instants, il m'arrive de me croire dans les chemins du pays basque, en novembre, parmi des maïs non encore fauchés. Et puis tout à coup, sur mon passage, quelque symbole inconnu se dresse pour me rappeler la Chine, un tombeau de forme mystérieuse, ou bien des stèles étranges posées sur d'énormes tortues de granit.

De loin en loin, nous croisons des convois militaires, d'une nation ou d'une autre, des files de voitures d'ambulance. Ici des Russes, dans les ruines d'un village, s'abritent pour une averse. Là des Américains, qui ont découvert une cachette de vêtements, au fond d'une maison abandonnée, s'en vont joyeux, endossant des manteaux de fourrure.

Des tombeaux, toujours beaucoup de tombeaux; la Chine, d'un bout à l'autre, en est encombrée; les uns, au bord de la route, gisent comme perdus; d'autres s'isolent magnifiquement au milieu d'enclos qui sont des bocages mortuaires, des bois de cèdres aux verdures sombres.

Dix heures. Nous devons approcher de Pékin, dont rien pourtant ne décèle encore le voisinage. Pas une figure de Chinois ne s'est montrée depuis notre départ; les campagnes continuent d'être désertes et inquiétantes de silence, sous le voile de l'imperceptible pluie.

Nous allons passer, paraît-il, non loin du mausolée d'une impératrice, et le chancelier de France, qui connaît ces environs, me propose de faire un détour pour l'apercevoir. Donc, laissant tout notre monde continuer tranquillement l'étape, nous prenons des sentiers de traverse, en allongeant le trot de nos chevaux dans les hautes herbes mouillées.

Bientôt paraissent un canal et un étang, blêmes sous le ciel incolore. Personne nulle part; des tranquillités mornes de pays dépeuplé. Le mausolée, sur la rive d'en face, émerge à peine de l'ombre d'un bois de cèdres, muré de toutes parts; nous ne voyons guère que les premiers portiques de marbre qui y conduisent, et l'avenue des stèles blanches qui va se perdre sous les arbres mystérieux;— tout cela un peu lointain et reproduit par le miroir de l'étang, en longs reflets renversés qui s'estompent. Près de nous des lotus, meurtris par le froid, penchent leurs grandes tiges sur l'eau couleur de plomb, où des cernes légers se tracent à la chute des gouttes de pluie. Et, parmi les roseaux, ces quelques boules blanchâtres, çà et là, sont des têtes de mort...

Quand nous rejoignons notre petite troupe, on nous promet l'entrée à Pékin dans une demi-heure. Allons, soit! Mais après les complications et les lenteurs du voyage, on croirait presque n'arriver jamais. Et c'est du reste invraisemblable, qu'une si prodigieuse ville, dans ce pays désert, puisse être là; à toute petite distance en avant de nous.

—Pékin ne s'annonce pas, m'explique mon nouveau compagnon d'étape,

Pékin vous saisit; quand on l'aperçoit, c'est qu'on y est...

La route à présent traverse des groupes de cèdres, des groupes de saules qui s'effeuillent, et, dans l'attente concentrée de voir enfin la Ville céleste, nous trottons sous la pluie très fine—qui ne mouille pas, tant sont desséchantes ces rafales du Nord promenant la poussière toujours et quand même,—nous trottons sans plus parler...

—Pékin! me dit tout à coup l'un de ceux qui cheminent avec moi, désignant une terrible masse obscure, qui vient de se lever au-dessus des arbres, un donjon crénelé, de proportions surhumaines.

Pékin!... Et, en quelques secondes, tandis que je subis la puissance évocatrice de ce nom ainsi jeté, une grande muraille couleur de deuil, d'une hauteur jamais vue, achève de se découvrir, se développe sans fin, dans une solitude dénudée et grisâtre, qui semble un steppe maudit. C'est comme un formidable changement de décor, exécuté sans bruit de machinistes, ni fracas d'orchestre, dans un silence plus imposant que toutes les musiques. Nous sommes au pied de ces bastions et de ces remparts, nous sommes dominés par tout cela, qu'un repli de terrain nous avait caché. En même temps, la pluie devient de la neige, dont les flocons blancs se mêlent aux envolées sombres des détritus et de la poussière. La muraille de Pékin nous écrase, chose géante, d'aspect babylonien, chose intensément noire, sous la lumière morte d'un matin de neige et d'automne. Cela monte dans le ciel comme les cathédrales, mais cela s'en va, cela se prolonge, toujours pareil, durant des lieues. Pas un passant aux abords de cette ville, personne. Pas une herbe non plus le long de ces murs; un sol raviné, poussiéreux, sinistre comme des cendres, avec des lambeaux de vêtements qui traînent, des ossements, un crâne. Et, du haut de chacun des créneaux noirs, un corbeau, qui s'est posté, nous salue au passage en croassant à la mort.

Le ciel est si épais et si bas que l'on y voit à peine clair, et sous l'oppression de ce Pékin longtemps attendu, qui vient de faire au-dessus de nos têtes son apparition déconcertante et soudaine, nous nous avançons, aux cris intermittents de tous ces corbeaux alignés, un peu silencieux nous-mêmes, un peu glacés d'être là, souhaitant voir du mouvement, voir de la vie, voir quelqu'un ou quelque chose sortir enfin de ces murs.

Alors, d'une porte, là-bas en avant, d'une percée dans l'enceinte colossale, sort une énorme et lente bête brune, fourrée de laine comme un mouton géant,—puis deux, puis trois, puis dix: une caravane mongole, qui commence de couler vers nous, dans ce même silence, toujours, où l'on n'entend que les corbeaux croasser. A la file incessante les monstrueux chameaux de Mongolie, tout arrondis de fourrure, avec d'étonnants manchons aux jambes, des crinières comme des lions, processionnent sans fin le long de nos chevaux qui s'effarent; ils ne portent ni cloches ni grelots, comme en ont ces bêtes maigres, aux harmonieuses caravanes des déserts arabiques; leurs pieds s'enfoncent profondément dans la poussière qui assourdit leurs pas, le silence n'est pas rompu par leur marche. Et les Mongols qui les mènent, figures cruelles et lointaines, nous jettent à la dérobée des regards ennemis.

Aperçue à travers un voile de neige fine et de poussière noire, la caravane nous a croisés et s'éloigne, sans un bruit, ainsi qu'une caravane fantôme. Nous nous retrouvons seuls, sous cette muraille de Titans, du haut de laquelle les corbeaux nous regardent passer. Et c'est notre tour à présent de franchir, pour entrer dans la ville ténébreuse, les portes par où ces Mongols viennent de la quitter.

VII

A LA LÉGATION DE FRANCE

Nous voici arrivés à ces portes, doubles, triples, profondes comme des tunnels et se contournant dans l'épaisseur des puissantes maçonneries; portes surmontées de donjons à meurtrières qui ont chacun cinq étages de hauteur sous d'étranges toitures courbes, de donjons extravagants qui sont des choses colossales et noires, au-dessus de l'enceinte noire des murailles.

Les pieds de nos chevaux s'enfoncent de plus en plus et disparaissent dans la poussière couleur de charbon, qui est ici aveuglante, souveraine partout, en l'air autant que sur le sol, malgré la petite pluie ou les flocons de neige dont nous avons le visage tout le temps cinglé.

Et, sans bruit, comme si nous marchions parmi des ouates ou des feutres, passant sous les énormes voûtes, nous entrons dans le pays des décombres et de la cendre...

Quelques mendiants dépenaillés, dans des coins, assis à grelotter sous des guenilles bleues; quelques chiens mangeurs de cadavres, comme ceux dont nous avions déjà fait la connaissance en route,—et c'est tout. Silence et solitude au dedans de ces murs comme au dehors. Rien que des éboulements, des ruines et des ruines.

Pays des décombres et de la cendre; surtout pays des petites briques grises, des petites briques pareilles, éparses en myriades innombrables, sur l'emplacement des maisons détruites ou sur le pavé de ce qui fut les rues.

Les petites briques grises, c'est avec ces matériaux seuls que Pékin était bâti,—ville aux maisonnettes basses revêtues de dentelles en bois doré, ville qui ne devait laisser qu'un champ de mièvres débris, après le passage du feu et de la mitraille émiettant toutes ces vieilleries légères.

Nous l'avons du reste abordée, cette ville, par l'un des coins sur lesquels on s'est le plus longtemps acharné: le quartier tartare, qui contenait les légations européennes.

De longues voies droites sont encore tracées dans ce labyrinthe infini de petites ruines, et devant nous tout est gris ou noir; aux grisailles sombres des briques éboulées s'ajoute la teinte monotone des lendemains d'incendie, la tristesse des cendres et la tristesse des charbons.

Parfois, en travers du chemin, elles s'arrangent en obstacle, ces lassantes petites briques,—et ce sont les restes de barricades où l'on s'est longuement battu.

Après quelques centaines de mètres, nous entrons dans la rue de ces légations qui viennent de fixer, durant des mois, l'anxieuse attention du monde entier.

Tout y est en ruine, il va sans dire; mais des pavillons européens flottent sur les moindres pans de mur, et nous retrouvons soudainement ici, au sortir de ruelles solitaires, une animation comme à Tien-Tsin, un continuel va-et-vient d'officiers et de soldats, une étonnante bigarrure d'uniformes.

Déployé sur le ciel d'hiver, un grand pavillon de France marque l'entrée de ce qui fut notre légation; deux monstres en marbre blanc, ainsi qu'il est d'étiquette devant tous les palais de la Chine, sont accroupis au seuil, et des soldats de chez nous gardent cette porte—que je franchis avec recueillement au souvenir des héroïsmes qui l'ont défendue.

Nous mettons enfin pied à terre parmi des monceaux de débris, sur une sorte de petite place intérieure où les rafales s'engouffrent, près d'une chapelle et à l'entrée d'un jardin dont les arbres s'effeuillent au vent glacé. Les murs autour de nous sont tellement percés de balles que l'on dirait presque un amusement, une gageure: ils ressemblent à des cribles. Là-bas, sur notre droite, ce tumulus de décombres, c'est la légation proprement dite, anéantie par l'explosion d'une mine chinoise. Et à notre gauche il y a la maison du chancelier, où s'étaient réfugiés pendant le siège les braves défenseurs du lieu, parce qu'elle semblait moins exposée; c'est là qu'on m'a offert de me recueillir; elle n'est pas détruite, mais tout y est sens dessus dessous, bien entendu, comme un lendemain de bataille; et, dans la chambre où je coucherai, les plâtriers travaillent encore à refaire les murs, qui ne seront finis que ce soir.

Maintenant on me conduit, en pèlerinage d'arrivée, dans le jardin où dorment, ensevelis à la hâte, sous des grêles de balles, ceux de nos matelots qui tombèrent à ce champ d'honneur. Point de verdures ici, ni de plantes fleuries; un sol grisâtre, piétiné par les combattants, émietté par la sécheresse et le froid. Des arbres sans feuilles, dont la mitraille a déchiqueté les branches. Et, sur tout cela, un ciel bas et lugubre, où des flocons de neige passent en cinglant.

Il faut se découvrir dès l'entrée de ce jardin, car on ne sait pas sur qui l'on marche; les places, qui seront marquées bientôt, je n'en doute pas, n'ont pu l'être encore, et on n'est pas sûr, lorsqu'on se promène, de n'avoir pas sous les pieds quelqu'un de ces morts qui mériteraient tant de couronnes.

Dans cette maison du chancelier, épargnée un peu par miracle, les assiégés habitaient pêle-mêle, et dormaient par terre, diminués de jour en jour par les balles, vivant sous la menace pressante de la mort.

Au début—mais leur nombre, hélas! diminua vite,—ils étaient là une soixantaine de matelots français et une vingtaine de matelots autrichiens, se faisant tuer côte à côte et d'une allure également magnifique. A eux s'étaient joints quelques volontaires français, qui faisaient le coup de feu dans leurs rangs, sur les barricades ou sur les toits, et deux étrangers, M. et madame de Rosthorn, de la légation d'Autriche. Les officiers de chez nous qui commandaient la défense étaient le lieutenant de vaisseau Darcy et l'aspirant Herber, qui dort aujourd'hui dans la terre du jardin, frappé d'une balle en plein front.

L'horreur de ce siège, c'est qu'il n'y avait à attendre des assiégeants aucune pitié; si, à bout de forces et à bout de vivres, on venait à se rendre, c'était la mort, et la mort avec d'atroces raffinements chinois pour prolonger des paroxysmes de souffrance.

Aucun espoir non plus de s'évader par quelque sortie suprême: on était au milieu du grouillement d'une ville; on était enclavé dans un dédale de petites bâtisses sournoises abritant une fourmilière d'ennemis, et, pour emprisonner plus encore, on sentait autour de soi, emmurant le tout, le colossal rempart noir de Pékin.

C'était pendant la période torride de l'été chinois; le plus souvent, il fallait se battre quand on mourait de soif, quand on était aveuglé de poussière, sous un soleil aussi destructeur que les balles, et dans l'incessante et fade infection des cadavres.

Cependant une femme était là avec eux, charmante et jeune, cette Autrichienne, à qui il faudrait donner une de nos plus belles croix françaises. Seule au milieu de ces hommes en détresse, elle gardait son inaltérable gaieté de bon aloi; elle soignait les blessés, préparait de ses propres mains le repas des matelots malades,—et puis s'en allait charrier des briques et du sable pour les barricades, ou bien faire le guet du haut des toits.

Autour des assiégés, le cercle se resserrait de jour en jour, à mesure que leurs rangs s'éclaircissaient et que la terre du jardin s'emplissait de morts; ils perdaient du terrain pied à pied, disputant à l'ennemi, qui était légion, le moindre pan de mur, le moindre tas de briques.

Et quand on les voit, leurs petites barricades de rien du tout, faites en hâte la nuit, et que cinq ou six matelots réussissaient à défendre (cinq ou six, vers la fin c'était le plus qu'on pouvait fournir), il semble vraiment qu'à tout cela un peu de surnaturel se soit mêlé. Quand, avec l'un des défenseurs du lieu, je me promène dans ce jardin, sous le ciel sombre, et qu'il me dit: «Là, au pied de ce petit, mur, nous les avons tenus tant de jours... Là, devant cette petite barricade, nous avons résisté une semaine», cela paraît un conte héroïque et merveilleux.

Oh! leur dernier retranchement! C'est tout à côté de la maison, un fossé creusé fiévreusement à tâtons dans l'espace d'une nuit, et, sur la berge, quelques pauvres sacs pleins de terre et de sable: tout ce qu'ils avaient pour barrer le passage aux tortionnaires, qui leur grimaçaient la mort, à six mètres à peine, au-dessus d'un pan de mur.

Ensuite vient le «cimetière», c'est-à-dire le coin de jardin qu'ils avaient adopté pour y grouper leurs morts,—avant les jours plus affreux où il fallait les enfouir çà ou là, en cachant bien la place, de peur qu'on ne vînt les violer, comme c'est ici l'atroce coutume. Un lamentable petit cimetière, au sol foulé et écrasé dans les combats à bout portant, aux arbustes fracassés, hachés par la mitraille. On y enterrait sous le feu des Chinois, et un vieux prêtre à barbe blanche,—devenu depuis un martyr dont la tête fut traînée dans les ruisseaux,—y disait tranquillement les prières devant les fosses, malgré tout ce qui sifflait dans l'air autour de lui, tout ce qui fouettait et cassait les branches.

Vers les derniers jours, leur cimetière, tant ils avaient perdu de terrain peu à peu, était devenu la «zone contestée», et ils tremblaient pour leurs morts; les ennemis s'étaient avancés jusqu'à la bordure; on se regardait et on se tuait de tout près, par-dessus le sommeil de ces braves, si hâtivement couchés dans la terre. S'ils avaient franchi ce cimetière, les Chinois, et escaladé le frêle petit retranchement suprême, en sacs de sable, en gravier dans des rideaux cousus, alors, pour tous ceux qui restaient là, c'était l'horrible torture au milieu des musiques et des rires, l'horrible dépeçage, les ongles d'abord arrachés, les pieds tenaillés, les entrailles mises dehors, et la tête ensuite, au bout d'un bâton, promenée par les rues.

On les attaquait de tous les côtés et par tous les moyens, souvent aux heures les plus imprévues de la nuit. Et c'était presque toujours avec des cris, avec des fracas soudains de trompes et de tam-tams. Autour d'eux, des milliers d'hommes à la fois venaient hurler à la mort,—et il faut avoir entendu des hurlements de Chinois pour imaginer ces voix-là, dont le timbre seul vous glace. Ou bien des gongs assemblés sous les murs leur faisaient un vacarme de grand orage.

Parfois, d'un trou subitement ouvert dans une maison voisine, sortait sans bruit et s'allongeait, comme une chose de mauvais rêve, une perche de vingt ou trente pieds, avec du feu au bout, de l'étoupe et du pétrole enflammés, et cela venait s'appuyer contre les charpentes de leurs toits, pour sournoisement les incendier. C'est ainsi du reste qu'une nuit furent brûlée les écuries de la légation.

On les attaquait aussi par en dessous; ils entendaient des coups sourds frappés dans la terre et comprenaient qu'on les minait, que les tortionnaires allaient surgir du sol, ou bien encore les faire sauter. Et il fallait, coûte que coûte, creuser aussi, tenter d'établir des contremines pour conjurer ce péril souterrain. Un jour cependant, vers midi, en deux terribles détonations qui soulevèrent des trombes de plâtras et de poussière, la légation de France sauta, ensevelissant à demi sous ses décombres le lieutenant de vaisseau qui commandait la défense et un groupe de ses marins.—Mais ce ne fut point la fin encore; ils sortirent de cette cendre et de ces pierres qui les couvraient jusqu'aux épaules, ils sortirent excepté deux, deux braves matelots qui ne reparurent plus, et la lutte fut continuée, presque désespérément, dans des conditions toujours plus effroyables.

Elle restait là quand même, la gentille étrangère, qui aurait si bien pu s'abriter ailleurs, à la légation d'Angleterre par exemple, où s'étaient réfugiés la plupart des ministres avec leurs familles; au moins les balles n'y arrivaient pas, on y était au centre même du quartier défendu par quelques poignées de braves et on s'y sentait en sécurité tant que les barricades tiendraient encore. Mais non, elle restait là, et continuait son rôle admirable, en ce point brûlant qu'était la légation de France,—point qui représentait d'ailleurs la clef, la pierre d'angle de tout le quadrilatère européen, et dont la perte eut amené le désastre général.

Une fois, ils virent, avec leurs longues-vues, afficher un édit de l'Impératrice, en grandes lettres sur papier rouge, ordonnant de cesser le feu contre les étrangers. (Ce qu'ils ne virent pas, c'est que les hommes chargés de l'affichage étaient écharpés par la foule.) Une sorte d'accalmie, d'armistice s'ensuivit quand même, on les attaqua avec moins de violence.

Ils voyaient aussi des incendies partout, ils entendaient des fusillades entre Chinois, des canonnades et de longs cris; des quartiers entiers flambaient; on s'entre-tuait autour d'eux dans la ville fermée; des rages y fermentaient comme en un pandémonium,—et on suffoquait à présent, on étouffait à respirer l'odeur des cadavres.

Des espions venaient parfois leur vendre des renseignements, toujours faux d'ailleurs et contradictoires, sur cette armée de secours, qu'ils attendaient d'heure en heure avec une croissante angoisse. On leur disait: «Elle est ici, elle est là, elle avance.» Ou bien: «Elle a été battue et elle recule.» Et toujours elle persistait à ne point paraître.

Que faisait donc l'Europe? Est-ce qu'on les abandonnait? Ils continuaient de se détendre, presque sans espérance, si diminués maintenant, et dans un espace si restreint! Ils se sentaient comme enserrés chaque jour davantage par la torture chinoise et l'horrible mort.

Les choses essentielles commençaient à manquer. Il fallait économiser sur tout, en particulier sur les balles; d'ailleurs, on devenait des sauvages,—et, quand on capturait des Boxers, des incendiaires, au lieu de les fusiller, on leur fracassait le crâne à bout portant avec un revolver.

Un jour, enfin, leurs oreilles, toujours tendues au bruit des batailles extérieures, perçurent une canonnade continue, sourde et profonde, en dehors de ces grands remparts noirs dont ils apercevaient au loin les créneaux, au-dessus de tout, et qui les enfermaient comme dans un cercle dantesque: on bombardait Pékin!... Ce ne pouvait être que les armées d'Europe, venues à leur secours!

Cependant une dernière épouvante troublait encore leur joie. Est-ce qu'on n'allait pas tenter contre eux un suprême assaut pour les anéantir avant l'entrée des troupes alliées?

En effet, on les attaqua furieusement, et cette journée finale, cette veille de la délivrance coûta encore la vie à un de nos officiers, le capitaine Labrousse, qui alla rejoindre le commandant de nos amis autrichiens dans le glorieux petit cimetière de la légation. Mais ils résistèrent... Et, tout à coup, plus personne autour d'eux, plus une tête de Chinois sur les barricades ennemies; le vide et le silence dans leurs abords dévastés: les Boxers étaient en fuite, et les alliés entraient dans la ville!...

Ce premier soir de mon arrivée à Pékin est triste comme les soirs de la route, mais plus banalement triste, avec plus d'ennui. Les ouvriers viennent de finir les murs de ma chambre; les plâtres frais y répandent leur humidité ruisselante, on y a froid jusqu'aux os, et comme il n'y a rien là dedans, mon serviteur étend par terre mon étroit matelas de la jonque, puis se met en devoir d'organiser une table avec de vieilles caisses. Mes hôtes ont la bonté aussi de me faire monter à la hâte et allumer un poêle à charbon,—et voici que cela achève d'évoquer pour moi un rêve de misère européenne, dans quelque taudis de faubourg... Comment soupçonner que l'on est en Chine, ici, et à Pékin, tout près des enceintes mystérieuses, des palais pleins de merveilles?...

Quant au ministre de France, que j'ai besoin de voir pour lui faire les communications de l'amiral, j'apprends qu'il est allé, n'ayant plus de toit, demander asile à la légation d'Espagne; de plus, qu'il a la fièvre typhoïde—épidémique à cause de l'eau partout empoisonnée—et que personne en ce moment ne peut lui parler. Mon séjour dans ce gîte mouillé menace de se prolonger plus que je ne pensais. Et mélancoliquement, à travers les vitres que des buées ternissent, je regarde, dans une cour pleine de meubles brisés, tomber le crépuscule et la neige...

Qui m'eût dit que demain, par un revirement imprévu de fortune, je dormirais sur les matelas dorés d'un grand lit impérial, au milieu de la Ville interdite, dans la féerie très étrange?...

VIII

Vendredi 19 octobre.

Je m'éveille transi de froid humide, par terre, dans mon logis de pauvre où l'eau ruisselle des murs et où le poêle fume.

Et je m'en vais d'abord m'acquitter d'une commission dont j'ai été chargé par l'amiral pour le commandant en chef de nos troupes de terre, le général Voyron, qui habite une maisonnette du voisinage...

Dans le partage de la mystérieuse «Ville jaune», qui a été fait entre les chefs des troupes alliées, un palais de l'Impératrice est échu à notre général. Il s'y installera pour l'hiver, non loin du palais que doit occuper l'un de nos alliés, le feld-maréchal de Waldersee, et il veut bien m'y offrir l'hospitalité. Lui-même repart aujourd'hui pour Tien-Tsin; donc, pendant une semaine ou deux que durera son voyage, j'habiterai là-bas seul avec son aide de camp,—un de mes anciens camarades,—qui sera chargé de faire accommoder pour les besoins du service militaire cette résidence de conte de fées.

Combien cela me changera de mes murs de plâtre et de mon poêle à charbon!

Toutefois mon exode vers la «Ville jaune» n'aura lieu que demain matin, car mon ami l'aide de camp m'exprime le très gentil désir d'arriver avant moi dans notre palais quelque peu saccagé, et de m'y préparer la place.

Alors, n'ayant plus rien à faire pour le service aujourd'hui, j'accepte l'offre de l'un des membres de la légation de France, d'aller visiter avec lui le temple du Ciel. La neige est d'ailleurs finie; l'âpre vent de Nord qui souffle toujours a chassé les nuages, et le soleil resplendit dans un ciel très pâlement bleu.

D'après le plan de Pékin, c'est à cinq à six kilomètres d'ici, ce temple du Ciel, le plus immense de tous les temples. Et cela se trouve, paraît-il, au centre d'un parc d'arbres séculaires, muni de doubles murs. Avant ces jours de désastre[1], le lieu était impénétrable; les empereurs seuls y venaient une fois l'an s'enfermer pendant une semaine pour un solennel sacrifice, longuement précédé de purifications et de rites préparatoires.

[Note 1: Le parc même était interdit aux «barbares d'Occident», depuis qu'un touriste européen, homme de toutes les élégances, s'était faufilé dans le temple pour faire des ordures sur l'autel.]

Il faut, pour aller là, sortir d'abord de toutes ces ruines et de ces cendres; sortir même de la «Ville tartare» où nous sommes, franchir ses terribles murs, ses gigantesques portes, et pénétrer dans la «Ville chinoise».

Ce sont deux immenses quadrilatères juxtaposés, ces deux villes murées dont l'ensemble forme Pékin, et l'une, la Tartare, contient en son milieu, dans une autre enceinte de forteresse, cette «Ville jaune» où j'irai demain habiter.

Au sortir des remparts de séparation, lorsque la «Ville chinoise» se découvre à nous dans l'encadrement colossal d'une porte, c'est la surprise d'une grande artère encore vivante et pompeuse comme aux anciens jours, à travers ce Pékin qui jusque-là nous semblait une nécropole; c'est l'inattendu des dorures, des couleurs, des mille formes de monstres tout à coup érigées dans le ciel, et c'est la soudaine agression des bruits, des musiques et des voix.—Mais combien cette vie, cette agitation, toute cette pompe chinoise sont pour nous choses inimaginables et indéchiffrables!... Entre ce monde et le nôtre, quels abîmes de dissemblances!...

La grande artère s'en va devant nous, large et droite: une chaussée de trois ou quatre kilomètres de long, conduisant là-bas à une autre porte monumentale, qui apparaît tout au loin, surmontée de son donjon à toit cornu, et ouverte dans la muraille noire confinant aux solitudes du dehors. Les maisons sans étage qui, des deux côtés, s'alignent longuement ont l'air faites en dentelles d'or; du haut en bas brillent les boiseries ajourées de leurs façades; elles portent des couronnements en fines sculptures, qui sont tout reluisants d'or et d'où s'élancent, comme chez nous les gargouilles, des rangées de dragons d'or. Plus haut que ces maisonnettes frêles, montent des stèles noires couvertes de lettres d'or, s'élancent de longues perches laquées noir et or, pour soutenir en l'air des emblèmes férocement étranges, qui ont des cornes, des griffes, des visages de monstres.

A travers un nuage de poussière et dans un poudroiement de soleil, on voit, jusqu'au fond des lointains, miroiter les dorures, grimacer les dragons et les chimères. Et, par-dessus tout cela, enjambant l'avenue, passent dans le ciel des arcs de triomphe étonnamment légers, qui sont des choses presque aériennes, en bois découpé, supportées comme par des mâts de navire,—et qui répètent encore sur le bleu pâle du vide l'obsédante étrangeté des formes hostiles, la menace des cornes, des griffes, le contournement des fantastiques bêtes.

La poussière, l'éternelle et souveraine poussière, confond les objets, les gens, la foule d'où s'échappe un bruit d'imprécations, de gongs et de clochettes, dans un même effacement d'image estompée.

Sur la chaussée large, où l'on piétine comme en pleine cendre, c'est un grouillement embrumé de cavaliers et de caravanes. Les monstrueux chameaux de Mongolie, tout laineux et roux, attachés en interminables files, lents et solennels, coulent incessants comme les eaux des fleuves, entretenant par leur marche la couche poudreuse dont toute cette ville est étouffée.—Ils s'en vont qui sait où, jusqu'au fond des déserts thibétains ou mongols, emportant, de la même allure infatigable et inconsciente, des milliers de ballots de marchandises, agissant à la façon des canaux et des rivières, qui charrient à travers des espaces immenses les chalands et les jonques.—Si pesante est la poussière soulevée par leurs pas qu'elle peut à peine monter; les jambes de ces innombrables chameaux en cortège, comme la base des maisons, comme les robes des passants, tout cela est sans contours, vague et noyé autant que dans l'épaisse fumée d'une forge, ou dans les flocons d'une ouate sombre; mais les dos des grandes bêtes et leurs figures poilues émergent de ce flou qui est vers le sol, se dessinent presque nettement. Et l'or des façades, terni par en bas, commence d'étinceler très clair à la hauteur des extravagantes corniches.

On dirait une ville de fantasmagorie, n'ayant pas d'assise réelle, mais posant sur une nuée,—une lourde nuée où se meuvent, inoffensifs, des espèces de moutons géants, au col élargi par des toisons rousses.

Au-dessus de l'invraisemblable poussière, rayonne une clarté blanche et dure, resplendit cette froide et pénétrante lumière de Chine, qui détaille les choses avec une rigueur incisive. Tout ce qui s'éloigne du sol et de la foule se précise par degrés, prend peu à peu en l'air une netteté absolue. On perçoit les moindres petits monstres, au faîte de ces arcs de triomphe, si haut perchés sur leurs jambes minces, sur leurs béquilles, sur leurs échasses qui semblent se perdre en dessous, se diffuser, s'évaporer dans le grouillement et dans le nuage. On distingue les moindres ciselures au sommet des stèles, au sommet des hampes noir et or qui montent piquer le ciel de leurs pointes; et même on compterait toutes les dents, les langues fourchues, les yeux louches de ces centaines de chimères d'or qui jaillissent du couronnement des toits.

Pékin, ville de découpures et de dorures, ville où tout est griffu et cornu, Pékin, les jours de sécheresse, de vent et de soleil, fait illusion encore, retrouve un peu de sa splendeur, dans cette poussière éternelle de ses steppes et de ses ruines, dans ce voile qui masque alors le délabrement de ses rues et la pouillerie de ses foules.

Cependant, sous ces ors qui continuent de briller, tout est bien vieux et décrépit. De plus, dans ces quartiers, on s'est constamment battu, entre Chinois, durant le siège des légations, les Boxers détruisant les logis de ceux qu'ils suspectaient de sympathie pour les «barbares», et il y a partout des décombres, des ruines.

La grande avenue que nous suivons depuis une demi-heure aboutit maintenant à un pont courbé en marbre blanc, encore superbe, jeté sur une sorte de canal fétide où des détritus humains macèrent avec des ordures,—et ici les maisons finissent; la rive d'en face n'est plus qu'un steppe lugubre.

C'était le Pont des Mendiants,—hôtes dangereux qui, avant la prise de Pékin, se tenaient en double rangée menaçante le long des balustres à têtes de monstres, et rançonnaient les passants; ils formaient une corporation hardie, ayant un roi, et quelquefois pillant à main armée. Cependant leur place est libre aujourd'hui; depuis tant de batailles et de massacres, la truanderie a émigré.

Tout de suite après ce pont, commence une plaine grise, d'environ deux kilomètres, qui s'étend, vide et désolée, jusqu'au grand rempart là-bas, là-bas, où Pékin finit. Et la chaussée, avec son flot de caravanes tranquilles, à travers cette solitude, continue tout droit jusqu'à la porte du dehors, qui semble toujours presque aussi lointaine sous son grand donjon noir. Pourquoi ce désert enclavé dans la ville? Il ne porte même pas trace d'anciennes constructions; il doit avoir été toujours ainsi. Et on n'y voit personne non plus; quelques chiens errants, quelques guenilles, quelques ossements qui traînent, et c'est tout.

A droite et à gauche, très loin dans ce steppe, des murailles d'un rouge sombre, adossées aux remparts de Pékin, paraissent enfermer de grands bois de cèdres. L'enclos de droite est celui du temple de l'Agriculture, et à gauche c'est ce temple du Ciel où nous voulons nous rendre; donc, nous nous engageons dans les grisailles de ces terrains tristes, quittant les foules et la poussière.

Il a plus de six kilomètres de tour, l'enclos du temple du Ciel; il est une des choses les plus vastes de cette ville, où tout a été conçu avec cette grandeur des vieux temps, qui aujourd'hui nous écrase. La porte, jadis infranchissable, ne se ferme plus, et nous entrons dans un bois d'arbres séculaires, cèdres, thuyas et saules, sous lesquels de longues avenues ombreuses sont tracées. Mais ce lieu, tant habitué au respect et au silence, est profané aujourd'hui par la cavalerie des «barbares». Quelques milliers d'Indiens, levés et expédiés contre la Chine par l'Angleterre, sont là campés, leurs chevaux piétinant toutes choses; les pelouses, les mousses s'emplissent de fumier et de fientes. Et, d'une terrasse de marbre où l'on brûlait autrefois de l'encens pour les dieux, montent les tourbillons d'une fumée infecte, les Anglais ayant élu cette place pour y incinérer leur bétail mort de la peste bovine et y fabriquer du noir animal.

Comme pour tous les bois sacrés, il y a double enceinte. Et des temples secondaires, disséminés sous les cèdres, précèdent le grand temple central.

N'étant jamais venus, nous nous dirigeons au jugé vers quelque chose qui doit être cela: plus haut que tout, dominant la cime des arbres, une lointaine rotonde au toit d'émail bleu, surmontée d'une sphère d'or qui luit au soleil.

En effet, c'est bien le sanctuaire même, cette rotonde à laquelle nous finissons par arriver. Les abords en sont silencieux: plus de chevaux ni de cavaliers barbares. Elle pose sur une haute esplanade en marbre blanc où l'on accède par des séries de marches et par un «sentier impérial», réservé aux Fils du Ciel qui ne doivent point monter d'escaliers. Un «sentier impérial» c'est un plan incliné, généralement d'un même bloc, un énorme monolithe de marbre, couché en pente douce et sur lequel se déroule le dragon à cinq griffes, sculpté en bas-relief;—les écailles de la grande bête héraldique, ses anneaux, ses ongles, servant à soutenir les pas de l'Empereur, à empêcher que ses pieds chaussés de soie ne glissent sur le sentier étrange réservé à Lui seul et que pas un Chinois n'oserait toucher.

Nous montons en profanateurs par le «sentier impérial», frottant de nos gros souliers en cuir les fines écailles blanches de ce dragon.

Du haut de la terrasse solitaire, mélancoliquement et éternellement blanche de l'inaltérable blancheur du marbre, on voit, par-dessus les arbres du bois, l'immense Pékin se déployer dans sa poussière, que le soleil commence à dorer comme il dore les petits nuages du soir.

La porte du temple est ouverte, gardée par un cavalier indien aux longs yeux de sphinx, qui salue et nous laisse entrer,—aussi dépaysé que nous-mêmes, celui-là, dans ces ambiances extra-chinoises et sacrées.

Le temple circulaire est tout éclatant de rouge et d'or, sous son toit d'émail bleu; c'est un temple neuf, bâti en remplacement du très ancien qui brûla il y a quelque dix ans. Mais l'autel est vide, tout est vide; des pillards sont passés par là; il ne reste que le marbre des pavés, la belle laque des plafonds et des murs; les hautes colonnes de laque rouge, rangées en cercle, tout uniment fuselées, avec des enroulements de fleurs d'or.

Sur l'esplanade alentour, l'herbe, les broussailles poussent, çà et là, entre les dalles sculptées, attestant la vieillesse extrême des marbres, malgré tout ce blanc immaculé où tombe un soleil si morne et si clair. C'est un lieu dominateur, jadis édifié à grands frais pour les contemplations des souverains, et nous nous y attardons à regarder, comme des Fils du Ciel.

Il y a d'abord, dans nos environs proches, les cimes des thuyas et des cèdres, le grand bois qui nous enveloppe de tranquillité et de silence. Et puis, vers le Nord, une ville sans fin, mais qui est nuageuse, qui paraît presque inexistante; on la devine plus qu'on ne la voit, elle se dissimule comme sous des envolées de cendre, ou sous de la brume, ou sous des voiles de gaze, on ne sait trop; on croirait plutôt un mirage de ville,—sans ces toitures monumentales de proportions exagérées, qui de distance en distance émergent du brouillard, bien nettes et bien réelles, le faîte étincelant d'émail: les palais et les pagodes. Derrière tout cela, très loin, la crête des montagnes de Mongolie, qui ce soir n'ont point de base, ressemble à une découpure de papier bleu et rose, dans l'air. Vers l'Ouest enfin, c'est le steppe gris par où nous sommes venus; la lente procession des caravanes le traverse en son milieu, y traçant dans le lointain comme une coulée brune, jamais interrompue, et on se dit que ce défilé sans trêve doit continuer pareil pendant des centaines de lieues, et qu'il en va de même, avec une lenteur identique, sur toutes les grandes voies de la Chine, jusqu'aux frontières si reculées.

Cela, c'est le moyen de communication séculaire et inchangeable entre ces hommes d'une autre espèce que nous, ayant des ténacités, des patiences supérieures, et pour lesquels la marche du temps, qui nous affole, n'existe pas; c'est la circulation artérielle de cet empire démesuré, où pensent et spéculent quatre ou cinq cents millions de cerveaux tournés au rebours des nôtres et que nous ne déchiffrerons jamais...

IV

DANS LA VILLE IMPÉRIALE

I

Samedi 20 octobre.

Il neige. Le ciel est bas et obscur, sans espoir d'éclaircie, comme s'il n'y avait plus de soleil. Un vent furieux souffle du Nord, et la poussière noire, en pleine déroute, tourbillonne de compagnie avec les flocons blancs.

Ce matin, ma première entrevue avec notre ministre, à la légation d'Espagne. Sa fièvre est tombée, mais il est très faible encore et devra rester alité pendant bien des jours; il me faut remettre à demain ou après-demain les quelques communications que je suis chargé de lui faire.

Je prends mon dernier repas avec les membres de la légation de France, dans la maison du chancelier où l'on m'avait offert, à défaut d'un appartement somptueux, une si aimable hospitalité. Et, à une heure et demie, arrivent les deux charrettes chinoises que l'on me prête, pour mon émigration, avec mes gens et mon mince bagage, vers la «Ville jaune».

Toujours très petites, les charrettes chinoises, très massives, très lourdes et sans le moindre ressort; la mienne d'une élégance de corbillard, est recouverte à l'extérieur d'une soie gris ardoise avec de larges bordures de velours noir.

C'est vers le Nord-Ouest que nous nous dirigerons, du côté opposé à la «Ville chinoise» d'hier et au temple du Ciel. Et il y aura cinq ou six kilomètres à faire, presque au pas, vu l'état pitoyable des rues et des ponts, où manquent la moitié des dalles.

Cela ne ferme pas, les charrettes chinoises; c'est comme une simple guérite montée sur des roues,—et aujourd'hui on y est battu par le vent glacial, cinglé par la neige, aveuglé par la poussière.

D'abord les ruines, pleines de soldats, du quartier des Légations. Et, aussitôt après, des ruines plus solitaires, presque désertes et tout à fait chinoises: une dévastation poudreuse et grise, vaguement aperçue à travers les tourbillons blancs et les tourbillons noirs... Aux principaux passages, aux portes, aux ponts, des sentinelles européennes ou japonaises; toute la ville, gardée militairement. Et de temps à autre, des corvées de soldats, des voitures d'ambulance portant le pavillon de la Croix-Rouge.

Enfin la première enceinte de la «Ville jaune» ou «Ville impériale» m'est annoncée par l'interprète de la légation de France, qui a bien voulu m'offrir d'être mon guide et de partager ma charrette aux soies funéraires. Alors je regarde, dans le vent qui brûle mes yeux.

Ce sont de grands remparts couleur de sang à travers lesquels nous passons, avec d'épouvantables cahots, non par une porte, mais par une brèche que les cavaliers indiens de l'Angleterre ont ouverte à coups de mine dans l'épaisseur des ouvrages.

Pékin, de l'autre côté de ce mur, est un peu moins détruit. Les maisons, dans quelques rues, ont conservé leur revêtement de bois doré, leurs rangées de chimères au rebord des toits,—tout cela, il est vrai, croulant, vermoulu, ou bien léché par la flamme, criblé de mitraille; et, par endroits, une populace de mauvaise mine grouille encore là dedans, vêtue de peaux de mouton et de loques en coton bleu. Ensuite reviennent des terrains vagues, cendres et détritus, où l'on voit errer, ainsi que des bandes de loups, les affreux chiens engraissés à la chair humaine qui, depuis cet été, ne suffisent plus à manger les morts.

Un autre rempart, du même rouge sanglant et une grande porte, ornée de faïences, par où nous allons passer: cette fois, la porte de la «Ville impériale» proprement dite, la porte de la région où l'on n'était jamais entré,—et c'est comme si l'on m'annonçait la porte de l'enchantement et du mystère...

Nous entrons,—et ma surprise est grande, car ce n'est pas une ville, mais un bois. C'est un bois sombre, infesté de corbeaux qui croassent partout dans les ramures grises. Les mêmes essences qu'au temple du Ciel, des cèdres, des thuyas, des saules; arbres centenaires, tous, ayant des poses contournées, des formes inconnues à nos pays. Le grésil et la neige fouettent dans leurs vieilles branches, et l'inévitable poussière noire s'engouffre dans les allées, avec le vent.

Il y a aussi des collines boisées, où s'échelonnent, parmi les cèdres, des kiosques de faïence, et il est visible, malgré leur grande hauteur, qu'elles sont factices, tant le dessin en est de convention chinoise. Et, dans les lointains, obscurcis de neige et de poussière, on distingue qu'il y a sous bois, çà et là, de vieux palais farouches, aux toits d'émail, gardés par d'horribles monstres en marbre accroupis devant les seuils.

Tout ce lieu cependant est d'une incontestable beauté; mais combien en même temps il est funèbre, hostile, inquiétant sous le ciel sombre!

Maintenant, voici quelque chose d'immense, que nous allons un moment longer: une forteresse, une prison, ou quoi de plus lugubre encore? Des doubles remparts que l'on ne voit pas finir, d'un rouge de sang comme toujours, avec des donjons à meurtrière et des fossés en ceinture, des fossés de trente mètres de large remplis de nénufars et de roseaux mourants.—Ceci, c'est la «Ville violette», enfermée au sein de l'impénétrable «Ville impériale» où nous sommes, et plus impénétrable encore; c'est la résidence de l'Invisible, du Fils du Ciel... Mon Dieu, comme tout ce lieu est funèbre, hostile, féroce sous le ciel sombre!

Entre les vieux arbres, nous continuons d'avancer dans une absolue solitude, et on dirait le parc de la Mort.

Ces palais muets et fermés, aperçus de côté et d'autre dans le bois, s'appellent «temple du dieu des Nuages», «temple de la Longévité impériale», ou «temple de la Bénédiction des montagnes sacrées»... Et leurs noms de rêve asiatique, inconcevables pour nous, les rendent encore plus lointains.

Toutefois cette «Ville jaune», m'affirme mon compagnon de route, ne persistera pas à se montrer aussi effroyable, car il fait aujourd'hui un temps d'exception, très rare pendant l'automne chinois, qui est au contraire magnifiquement lumineux. Et il me promet que j'aurai encore des après-midi de chaud soleil, dans ce bois unique au monde où je vais sans doute résider quelques jours.

—Maintenant, me dit-il, regardez. Voici le «Lac des Lotus» et voici le «Pont de Marbre»!

Le «Lac des Lotus» et le «Pont de Marbre»! Ces deux noms m'étaient connus depuis longtemps, noms de féerie, désignant des choses qui ne pouvaient pas être vues, mais des choses dont la renommée pourtant avait traversé les infranchissables murs. Ils évoquaient pour moi des images de lumière et d'ardente couleur, et ils me surprennent, prononcés ici dans ce morne désert, sous ce vent glacé.

Le «Lac des Lotus!»... Je me représentais, comme les poètes chinois l'avaient chanté, une limpidité exquise, avec de grands calices ouverts à profusion sur l'eau, une sorte de plaine aquatique garnie de fleurs roses, une étendue toute rose. Et c'est ça! C'est cette vase et ce triste marais, que recouvrent des feuilles mortes, roussies par les gelées! Il est du reste infiniment plus grand que je ne pensais, ce lac creusé de main d'homme, et il s'en va là-bas, là-bas, vers de nostalgiques rivages, où d'antiques pagodes apparaissent parmi de vieux arbres, sous le ciel gris.

Le «Pont de Marbre!»... Oui, ce long arceau blanc supporté par une série de piliers blancs, cette courbure gracieusement excessive, ces rangées de balustres à tête de monstre, cela répond à l'idée que je m'en faisais; c'est très somptueux et c'est très chinois.—Je n'avais cependant pas prévu les deux cadavres, en pleine pourriture sous leurs robes, qui, à l'entrée de ce pont, gisent parmi les roseaux.

Toutes ces larges feuilles mortes, sur le lac, ce sont bien des feuilles de lotus; de près, maintenant, je les reconnais, je me souviens d'avoir jadis beaucoup fréquenté leurs pareilles—mais si vertes et si fraîches!—sur les étangs de Nagasaki ou de Yeddo. Et il devait y avoir là en effet une nappe ininterrompue de fleurs roses; leurs tiges fanées se dressent encore par milliers au-dessus de la vase.

Mais ils vont sans doute mourir, ces champs de lotus, qui charmaient depuis des siècles les yeux des empereurs, car leur lac est presque vide,—et ce sont les alliés qui en ont déversé les eaux dans le canal de communication entre Pékin et le fleuve, afin de rétablir cette voie, que les Chinois avaient desséchée par crainte qu'elle ne servît aux envahisseurs.

Le «Pont de Marbre», tout blanc et solitaire, nous mène sur l'autre rive du lac, très rétréci en cet endroit, et c'est là que je dois trouver ce «palais du Nord» où sera ma résidence. Je n'aperçois d'abord que des enceintes s'enfermant les unes les autres, de grands portiques brisés, des ruines, encore des ruines et des décombres. Et, sur ces choses, une lumière morte tombe d'un ciel d'hiver, à travers l'opacité des nuages pleins de neige.

Au milieu d'un mur gris, une brèche où un chasseur d'Afrique monte la faction; d'un côté, il y a un chien mort, de l'autre un amas de loques et de détritus répandant une odeur de cadavre. Et c'est, paraît-il, l'entrée de mon palais.

Nous sommes noirs de poussière, saupoudrés de neige, nos dents claquent de froid, quand nous descendons enfin de nos charrettes, dans une cour encombrée de débris,—où mon camarade l'aide de camp, le capitaine C..., vient à ma rencontre. Et vraiment on se demanderait, à de tels abords, si le palais promis n'était pas chimérique.

Au fond de cette cour, cependant, une première apparition de magnificence. Il y a là une longue galerie vitrée, élégante, légère,—intacte, à ce qu'il semble, parmi tant de destructions. A travers les glaces, on voit étinceler des ors, des porcelaines, des soies impériales traversées de dragons et de nuages... Et c'est bien un coin de palais, très caché, que rien ne décelait aux alentours.

Oh! notre repas du soir d'arrivée, au milieu des étrangetés de ce logis! C'est presque dans les ténèbres. Nous sommes assis, mon camarade et moi, à une table d'ébène, enveloppés dans nos capotes militaires au collet remonté, grelottant de froid, servis par nos ordonnances qui tremblent de tous leurs membres. Une pauvre petite bougie chinoise en cire rouge, fichée sur une bouteille—bougie ramassée par là, dans les débris de quelque autel d'ancêtres,—nous éclaire à grand'peine, tourmentée par le vent. Nos assiettes, nos plats sont des porcelaines inestimables, jaune impérial, marquées au chiffre d'un fastueux empereur, qui fut contemporain de Louis XV. Mais notre vin de ration, notre eau trouble—bouillie et rebouillie, par peur des cadavres qui empoisonnent tous les puits—occupent d'affreuses bouteilles qui ont pour bouchons des morceaux de pomme de terre crue taillés au couteau par nos soldats.

La galerie où la scène se passe est très longue, avec des lointains qui vont se perdre en pleine obscurité et où s'esquissent vaguement des splendeurs de conte asiatique; elle est partout vitrée jusqu'à hauteur d'homme, et cette frêle muraille de verre nous sépare seule du grand noir sinistre, plein de ruines et de cadavres, qui nous environne: on a le sentiment que les formes errantes du dehors, les fantômes qu'intéresse notre petite lumière, peuvent de loin nous voir attablés, et cela inquiète... Au-dessus des glaces, c'est, suivant l'usage chinois, une série de châssis légers, en papier de riz, montant jusqu'au plafond—d'où retombent ici, comme des dentelles, de merveilleuses sculptures d'ébène; mais ce papier de riz est déchiré, crevé de toutes parts, laissant passer sur nous les souffles mortellement froids de la nuit. Nos pieds gelés posent sur des tapis impérial..., jaunes, à haute laine, où s'enroulent des dragons à cinq griffes. A côté de nous brillent doucement, à la lueur de notre bout de bougie qui va finir, des brûle-parfums gigantesques, en cloisonné d'un bleu inimitable d'autrefois, montés sur des éléphants d'or; des écrans d'une fantaisie extravagante et magnifique; des phénix d'émail éployant leurs longues ailes; des trônes, des monstres, des choses sans âge et sans prix. Et nous sommes là, nous, inélégants, pleins de poussière, traînés, salis,—l'air de grossiers barbares, installés en intrus chez des fées.

Ce que devait être cette galerie, il y a trois mois à peine! Quand, au lieu du silence et de la mort, c'était la vie, les musiques et les fleurs; quand la foule des gens de cour ou des domestiques en robe de soie peuplait ces abords aujourd'hui vides et dévastés; quand l'Impératrice, suivie de ses dames du palais, passait dans ses atours de déesse!...

Ayant fini notre souper, qui se composait de la modeste ration de campagne, ayant fini de boire notre thé dans des porcelaines de musée, nous n'avons pas le courage de prolonger, pour l'heure des cigarettes et de la causerie. Non, ça a beau être amusant de se voir ici, ça a beau être imprévu et aux trois quarts fantastique, il fait trop froid, ce vent nous glace jusqu'à l'âme. Nous ne jouissons plus de rien. Nous préférons nous en aller et essayer de dormir.

Mon camarade, le capitaine C..., qui a pris possession en titre de ce lieu, me mène, avec un fanal et un petit cortège, dans l'appartement qu'il me destine. C'est au rez-de-chaussée, bien entendu, puisque les constructions chinoises n'ont jamais d'étage. Comme dans la galerie d'où nous venons, je n'ai là, pour me séparer de la nuit extérieure, que des panneaux de verre, de très légers stores en soie blanche et des châssis en papier de riz, crevés de toutes parts. Quant à ma porte, qui est faite d'une seule grande glace, je l'attacherai avec une ficelle, car elle n'a plus de loquet.

J'ai par terre d'admirables tapis jaunes, épais comme des coussins. J'ai un grand lit impérial en ébène sculptée, et mon matelas, mes oreillers sont en soie précieuse, lamée d'or; pas de draps, et une couverture de soldat en laine grise.

—Demain, me dit mon camarade, je pourrai aller choisir, dans les réserves de Sa Majesté, de quoi changer à mon caprice la décoration de cette chambre; ça ne fera tort à personne de déplacer quelques objets.

Sur ce, il me confirme que les portes de l'enceinte extérieure et la brèche par où je suis entré sont surveillées par des factionnaires, et il se retire dans son logis, sous la garde de ses ordonnances, à l'autre bout du palais.

Tout habillé et tout botté, comme dans la jonque, je m'étends sur les belles soies dorées, ajoutant à ma couverture grise une vieille peau de mouton, deux ou trois robes impériales brodées de chimères d'or, tout ce qui me tombe sous la main. Mes deux serviteurs, par terre, s'arrangent dans le même style. Et, avant de souffler ma bougie rouge d'autel d'ancêtres, je suis forcé de convenir, en mon for intérieur, que notre air «barbare d'Occident» a plutôt empiré depuis le souper.

Le vent, dans l'obscurité, tourmente et déchire ce qui reste de papier de riz à mes carreaux; c'est, au-dessus de ma tête, comme un bruit continu d'ailes d'oiseaux nocturnes, de vols de chauves-souris. Et, en demi-sommeil, je distingue aussi de temps à autre une courte fusillade, ou un grand cri isolé, dans le lointain lugubre...

II

Dimanche 21 octobre.

Le froid, les ténèbres, la mort, tout ce qui nous oppressait hier au soir s'évanouit dans le matin qui se lève. Le soleil rayonne, chauffe comme un soleil d'été. Autour de nous cette magnificence chinoise, un peu bouleversée, s'éclaire d'une lumière d'Orient.

Et c'est amusant d'aller à la découverte, dans le palais presque caché, qui se dissimule en un lieu bas, derrière des murs, sous des arbres, qui n'a l'air de rien quand on arrive, et qui, avec ses dépendances, est presque grand comme une ville.

Il est composé de longues galeries, vitrées sur toutes leurs faces, et dont les boisures légères, les vérandas, les colonnettes sont peintes extérieurement d'un vert bronze semé de nénufars roses.

On sent qu'il a été construit pour les fantaisies d'une femme; on dirait même que la vieille Impératrice galante y a laissé, avec ses bibelots, un peu de sa grâce surannée et encore charmeuse.

Elles se coupent à angle droit, les galeries, formant entre elles des cours, des espèces de petits cloîtres. Elles sont remplies, comme des garde-meubles, d'objets d'art entassés, que l'on peut aussi bien regarder du dehors, car tout ce palais est transparent; d'un bout à l'autre, on voit au travers. Et il n'y a rien pour défendre ces glaces, même la nuit; le lieu était entouré de tant de remparts, semblait si inviolable, qu'on n'avait songé à prendre aucune précaution.

Au dedans, le luxe architectural de ces galeries consiste surtout en des arceaux de bois précieux, qui les traversent de proche en proche; ils sont faits de poutres énormes, mais tellement sculptées, fouillées, ajourées, qu'on dirait des dentelles, ou plutôt des charmilles de feuillages noirs se succédant en perspective comme aux allées des vieux parcs.

L'aile que nous habitons devait être l'aile d'honneur. Plus on s'en éloigne, en allant vers le bois où le palais finit, plus la décoration se simplifie. Et on tombe en dernier lieu dans des logements de mandarins, d'intendants, de jardiniers, de domestiques,—tout cela abandonné à la hâte et plein d'objets inconnus, d'ustensiles de culte ou de ménage, de chapeaux de cérémonie, de livrées de cour.

Vient ensuite un jardin clos, où l'on entre par une porte en marbre surchargée de sculptures, et où l'on trouve des petits bassins, de prétentieuses et bizarres rocailles, des alignements de vases en faïence contenant des plantes mortes de sécheresse ou de gelée. Il y a aussi plus loin des jardins fruitiers, où l'on cultivait des kakis, des raisins, des aubergines, des citrouilles et des gourdes—des gourdes surtout, car c'est ici un emblème de bonheur, et l'Impératrice avait coutume d'en offrir une de ses blanches mains, en échange de présents magnifiques, à tous les grands dignitaires qui venaient lui faire leur cour. Il y a des petits pavillons pour l'élevage des vers à soie et des petits kiosques pour emmagasiner les graines potagères,—chaque espèce de semence gardée dans une jarre de porcelaine avec dragons impériaux qui serait une pièce de musée.

Et les sentiers de cette paysannerie artificielle finissent par se perdre dans la brousse, sous les arbres effeuillés du bois où les corbeaux et les pies se promènent aujourd'hui par bandes, au beau soleil d'automne. Il semble que l'Impératrice en quittant la régence—et on sait par quelle manoeuvre d'audace elle parvint si vite à la reprendre—ait eu le caprice de s'organiser ici une façon de campagne, en plein Pékin, au centre même de l'immense fourmilière humaine.

Le plus imprévu, dans cet ensemble, c'est une église gothique avec ses deux clochers de granit, un presbytère et une école,—toutes choses bâties jadis par les missionnaires dans des proportions très vastes. Pour créer ce palais, on s'était vu obligé de reculer la limite de la «Ville impériale» et d'englober le petit territoire chrétien; aussi l'Impératrice avait-elle échangé cela aux Pères lazaristes contre un emplacement plus large et une plus belle église, édifiée ailleurs à ses frais—(contre ce nouveau Peï-Tang où les missionnaires et quelques milliers de convertis ont enduré, cet été, les horreurs d'un siège de quatre mois). Et, en femme d'ordre, Sa Majesté avait utilisé ensuite cette église et ses dépendances pour y remiser, dans d'innombrables caisses, ses réserves de toute sorte. Or, on n'imagine pas, sans l'avoir vu, ce qu'il peut y avoir d'étrangetés, de saugrenuités et de merveilles dans les réserves de bibelots d'une impératrice de Chine!

Les Japonais les premiers ont fourragé là dedans; ensuite sont venus les cosaques, et en dernier lieu les Allemands, qui nous ont cédé la place. A présent, c'est par toute l'église un indescriptible désarroi; les caisses ouvertes ou éventrées; leur contenu précieux déversé dehors, en monceaux de débris, en ruissellements de cassons, en cascades d'émail, d'ivoire et de porcelaine.

Du reste, dans les longues galeries vitrées du palais, la déroute est pareille. Et mon camarade, chargé de débrouiller ce chaos et de dresser des inventaires, me rappelle ce personnage qu'un méchant Génie avait enfermé dans une chambre remplie de plumes de tous les oiseaux des bois, en le condamnant à les trier par espèces: ensemble celles des pinsons, ensemble celles des linots, ensemble celles des bouvreuils... Cependant, il s'est déjà mis à l'étonnante besogne, et des équipes de portefaix chinois, conduits par quelques hommes de l'infanterie de marine, par quelques chasseurs d'Afrique, ont commencé le déblayage.

A cinq cents mètres d'ici, sur l'autre rive du Lac des Lotus, en rebroussant mon chemin d'hier soir, on trouve un second palais de l'Impératrice qui nous appartient aussi. Dans ce palais-là, que personne pour le moment ne doit habiter, je suis autorisé à faire, pendant ces quelques jours, mon cabinet de travail, au milieu du recueillement et du silence,—et je vais en prendre possession ce matin.

Cela s'appelle le palais de la Rotonde. Juste en face du Pont de Marbre, cela ressemble à une forteresse circulaire, sur laquelle on aurait posé des petits miradors, des petits châteaux de faïence pour les fées,—et l'unique porte basse en est gardée nuit et jour par des soldats d'infanterie de marine, qui ont la consigne de ne l'ouvrir pour aucun visiteur.

Quand on l'a franchie, cette porte de citadelle, et que les factionnaires l'ont refermée sur vous, on pénètre dans une solitude exquise. Un plan incliné vous mène, en pente rapide, à une vaste esplanade d'une douzaine de mètres de hauteur, qui supporte les miradors, les kiosques aperçus d'en bas, plus un jardin aux arbres centenaires, des rocailles arrangées en labyrinthe, et une grande pagode étincelante d'émail et d'or.

De partout ici, l'on a vue plongeante sur les palais et sur le parc. D'un côté, c'est le déploiement du Lac des Lotus. De l'autre, c'est la «Ville violette» aperçue un peu comme à vol d'oiseau, c'est la suite presque infinie des hautes toitures impériales: tout un monde, ces toitures-là, un monde d'émail jaune luisant au soleil, un monde de cornes et de griffes, des milliers de monstres dressés sur les pignons ou en arrêt sur les tuiles...

A l'ombre des vieux arbres, je me promène dans la solitude de ce lieu surélevé, pour y prendre connaissance des êtres et y choisir un logis à ma fantaisie.

Au centre de l'esplanade, la pagode magnifique où des obus sont venus éclater, est encore dans un désarroi de bataille. Et la divinité de céans—une déesse blanche qui était un peu le palladium de l'empire chinois, une déesse d'albâtre en robe d'or brodée de pierreries—médite les yeux baissés, calme, souriante et douce, au milieu des mille débris de ses vases sacrés, de ses brûle-parfums et de ses fleurs.

Ailleurs, une grande salle sombre a gardé ses meubles intacts: un admirable trône d'ébène, des écrans, des sièges de toute forme et des coussins en lourde soie impériale, jaune d'or, brochée de nuages.

De tant de kiosques silencieux, celui qui fixe mon choix est posé au bord même de l'esplanade, sur la crête du rempart d'enceinte, dominant le Lac des Lotus et le Pont de Marbre, avec vue sur l'ensemble de ce paysage factice—composé jadis à coups de lingots d'or et de vies humaines pour les yeux las des empereurs.

A peine est-il plus grand qu'une cabine de navire; mais, sous son toit de faïence, il est vitré de tous côtés; j'y recevrai donc jusqu'au soir, pour me chauffer, ce soleil des automnes chinois, qui, paraît-il, ne se voile presque jamais. J'y fais apporter, de la salle sombre, une table, deux chaises d'ébène avec leurs soieries jaunes,—et, l'installation ainsi terminée, je redescends vers le Pont de Marbre, afin de regagner le palais du Nord, où m'attend pour déjeuner le capitaine C..., qui est en ce moment mon camarade de rêve chinois.

Et j'arrive à temps là pour voir, avant leur destruction par la flamme, les singulières trouvailles qu'on y a faites ce matin: les décors, les emblèmes et les accessoires du théâtre impérial. Toutes choses légères, encombrantes, destinées sans doute à ne servir qu'un ou deux soirs, et ensuite oubliées depuis un temps indéterminé dans une salle jamais ouverte, qu'il s'agit maintenant de vider, d'assainir pour y loger nos blessés et nos malades. Ce théâtre évidemment devait jouer surtout des féeries mythologiques, se passant aux enfers, ou chez les dieux, dans des nuages: ce qu'il y a là de monstres, de chimères, de bêtes, de diables, en carton ou en papier, montés sur des carcasses de bambou ou de baleine, le tout fabriqué avec un supérieur génie de l'horrible, avec une imagination qui recule les limites extrêmes du cauchemar!...

Les rats, l'humidité, les termites y ont fait d'ailleurs des dégâts irrémédiables, aussi est-il décidé qu'elles périront par le feu, ces figures qui servirent à amuser ou à troubler la rêverie du jeune empereur débauché, somnolent et débile...

Il faut voir alors l'empressement de nos soldats à charrier tout cela dehors, dans la joie et les rires. Au beau soleil de onze heures, voici pêle-mêle, au milieu d'une cour, les bêtes d'apocalypse, les éléphants grands comme nature, qui ont des écailles et des cornes, et qui ne pèsent pour ainsi dire pas, qu'un seul homme promène et fait courir. Et ils les brisent à coups de botte, nos chasseurs d'Afrique; ils sautent dessus, ils sautent dedans, passent au travers, les réduisent à rien, puis, finalement, allument la gaie flambée, qui les consume en un clin d'oeil.

Les braves soldats ont en outre travaillé toute la matinée à recoller du papier de riz sur les châssis de notre palais, où le vent bientôt n'entrera plus. Quant au chauffage, suivant la mode chinoise, il s'opère par en dessous, au moyen de fours souterrains qui sont disposés tout le long des salles et que nous allumerons ce soir, dès que tombera la nuit glacée. Pour le moment, le soleil splendide nous suffit; tous ces vitrages, dans la galerie où brillent les soies, les émaux et les ors, nous donnent une chaleur de serre, et, servis toujours dans de la vaisselle d'empereur, nous prenons cette fois notre petit repas de campagne en nous faisant des illusions d'été.

Mais ce ciel de Pékin a des variations excessives et soudaines, dont rien ne peut donner l'idée chez nous, dans nos climats si réguliers. Vers le milieu du jour, quand je me retrouve dehors, sous les cèdres de la «Ville jaune», le soleil a brusquement disparu derrière des nuages couleur de plomb, qui semblent lourds de neige; le vent de Mongolie recommence de souffler comme hier, âpre et glacial, et c'est l'hiver du Nord, succédant sans transition à quelques heures d'un temps radieux du Midi.

J'ai rendez-vous par là, dans le bois, avec les membres de la légation de France, pour pénétrer avec eux dans cette sépulcrale «Ville violette», qui est le centre, le coeur et le mystère de la Chine, le véritable repaire des Fils du Ciel, la citadelle énorme et sardanapalesque, auprès de quoi tous ces petits palais modernes, que nous habitons, en pleine «Ville impériale», ne semblent être que jouets d'enfant.

Même depuis la déroute, n'entre pas qui veut dans la «Ville violette» aux grandes toitures d'émail jaune. Derrière les doubles remparts, des mandarins, des eunuques habitent encore ce lieu d'oppression et de magnificence; on dit qu'il y est resté aussi des femmes, des princesses cachées, des trésors. Et les deux portes en sont défendues par des consignes sévères, celle du Nord sous la garde des Japonais, et celle du Sud sous la garde des Américains.

C'est par la première de ces deux entrées que nous sommes autorisés à passer aujourd'hui, et nous trouvons là un groupe de petits soldats du Japon, qui nous sourient pour la bienvenue; mais la porte farouche, sombrement rouge avec des ferrures dorées représentant des têtes de monstre, est fermée en dedans et résiste à leurs efforts. Comme l'usure des siècles en a disjoint les battants énormes, on aperçoit, en regardant par les fentes, des madriers arcboutés derrière pour empêcher d'ouvrir,—et des personnages, accourus de l'intérieur au fracas des coups de crosse, répondent avec des voix flûtées qu'ils n'ont pas d'ordres.

Alors nous menaçons d'incendier cette porte, d'escalader, de tirer des coups de revolver par les fentes, etc., toutes choses que nous ne ferons pas, bien entendu, mais qui épouvantent les eunuques et les mettent en fuite.

Plus personne même pour nous répondre. Que devenir? On gèle au pied de cette sinistre muraille, dans l'humidité des fossés d'enceinte pleins de roseaux morts, et sous ce vent de neige qui souffle toujours.

Les bons petits Japonais, cependant, imaginent d'envoyer le plus râblé des leurs—qui part à toutes jambes—faire le tour par l'autre porte (quatre kilomètres environ). Et en attendant, ils allument pour nous par terre un feu de branches de cèdre et de boiseries peintes, où nous venons à tour de rôle chauffer nos mains dans une fumée épaisse; nous amusant aussi à ramasser, de-ci de-là, aux alentours, les vieilles flèches empennées que jadis les princes ou les empereurs lançaient du haut des remparts.

Nous avons patienté là une heure, quand enfin du bruit et des cris se font entendre derrière la porte silencieuse: c'est notre envoyé qui est dans la place et bouscule à coups de poing les eunuques qu'il a pris à revers.

Tout aussitôt, avec un grondement sourd, tombent les madriers, et s'ouvrent devant nous les deux battants terribles.

III

LA CHAMBRE ABANDONNÉE

Une discrète odeur de thé, dans la chambre très obscure, une odeur de je ne sais quoi d'autre encore, de fleur séchée et de vieille soierie.

Elle ne peut s'éclairer davantage, la chambre étrange, qui n'ouvre que dans une grande salle sombre et dont les fenêtres scellées prennent demi-jour par des carreaux en papier de riz, sur quelque petit préau funèbre, sans doute muré de triples murs. Le lit-alcôve, large et bas, qui semble creusé dans la profondeur d'une paroi épaisse comme un rempart, a des rideaux et une couverture en soie d'un bleu couleur de nuit. Point de sièges, d'ailleurs il y en aurait à peine la place; point de livres non plus, et on y verrait à peine pour lire. Sur des coffres en bois noir, qui servent de tables, posent des bibelots mélancoliques, enfermés dans des guérites de verre: petits vases en bronze ou en jade, contenant des bouquets artificiels très rigides, aux pétales de nacre et d'ivoire. Et une couche de poussière, sur toutes ces choses, témoigne que l'on n'habite plus.

Au premier aspect rien ne précise un lieu ni une époque,—à moins que peut-être, au-dessus des rideaux de ce lit mystérieux et quasi funéraire, dans le couronnement d'ébène, la finesse merveilleuse des sculptures ne révèle des patiences chinoises. Ailleurs cependant tout est sobre, morne, conçu en lignes droites et austères.

Où donc sommes-nous, dans quelle demeure lointaine, fermée, clandestine?

Est-ce de nos jours que quelqu'un vivait ici, ou bien était-ce dans le recul des temps? Depuis combien d'heures—ou combien de siècles—est-il parti, et qui pouvait-il bien être, l'hôte de la chambre abandonnée?...

Quelque rêveur très triste évidemment, pour avoir choisi ce recoin d'ombre, et très raffiné aussi, pour avoir laissé derrière lui cette senteur distinguée, et très las, pour s'être complu dans cette terne simplicité et ce crépuscule éternel.

Vraiment on se sent étouffé par ces trop petites fenêtres, aux carreaux voilés de papier soyeux, qui n'ont pu jamais s'ouvrir pour le soleil ni pour l'air, puisqu'elles sont partout scellées dans le mur. Et puis, on repense à tout ce qu'il a fallu faire de chemin et rencontrer d'obstacles, avant d'arriver ici, et cela inquiète.

D'abord, la grande muraille noire, la muraille babylonienne, les remparts surhumains d'une ville de plus de dix lieues de tour,—aujourd'hui en ruines et en décombres, à moitié vidée et semée de cadavres. Ensuite une seconde muraille, peinte en rouge sombre de sang, qui forme une autre ville forte, enfermée dans la première. Ensuite une troisième muraille, plus magnifique, mais de la même couleur sanglante,—muraille du grand mystère celle-ci, et que jamais, avant ces jours de guerre et d'effondrement, jamais aucun Européen n'avait franchie; nous avons dû aujourd'hui nous y arrêter plus d'une heure, malgré les permis signés et contresignés; à travers les serrures d'une porte farouche, qu'un piquet de soldats entourait et que des madriers barricadaient par derrière comme en temps de siège, il a fallu menacer, parlementer longuement, avec des gardiens intérieurs qui voulaient se dérober et fuir. Une fois ouverts les battants lourds, bardés de ferrures, une autre muraille encore est apparue, séparée de la précédente par un chemin de ronde, où gisaient des lambeaux de vêtements et où des chiens traînaient des os de mort,—nouvelle muraille toujours du même rouge, mais encore plus somptueuse, couronnée, sur toute sa longueur infinie, par des ornements cornus et des monstres en faïence jaune d'or. Et enfin, ce dernier rempart traversé, des vieux personnages imberbes et singuliers, venus à notre rencontre avec des saluts méfiants, nous ont guidés à travers un dédale de petites cours, de petits jardins murés et remurés, où végétaient, entre des rocailles et des potiches, des arbres centenaires; tout cela séparé, caché, angoissant, tout cela protégé et hanté par un peuple de monstres, de chimères en bronze ou en marbre, par mille figures grimaçant la férocité et la haine, par mille symboles inconnus. Et toujours, dans les murailles rouges au faîte de faïence jaune, les portes derrière nous se refermaient: c'était comme dans ces mauvais rêves où des séries de couloirs se suivent et se resserrent, pour ne vous laisser sortir jamais plus.

Maintenant, après la longue course de cauchemar, on a le sentiment, rien qu'à contempler le groupe anxieux des personnages qui nous ont amenés, trottinant sans bruit sur leurs semelles de papier, le sentiment de quelque profanation suprême et inouïe, que l'on a dû commettre à leurs yeux en pénétrant dans cette modeste chambre close: ils sont là, dans l'embrasure de la porte, épiant d'un regard oblique le moindre de nos gestes, les cauteleux eunuques en robe de soie, et les maigres mandarins qui portent au bouton rouge de leur coiffure la triste plume de corbeau. Obligés pourtant de céder, ils ne voulaient pas; ils cherchaient, avec des ruses, à nous entraîner ailleurs, dans l'immense labyrinthe de ce palais d'Héliogabale, à nous intéresser aux grandes salles sombrement luxueuses qui sont plus loin, aux grandes cours, là-bas, et aux grandes rampes de marbre où nous irons plus tard, à tout un Versailles colossal et lointain, envahi par une herbe de cimetière et où l'on n'entend plus que les corbeaux chanter...

Ils ne voulaient absolument pas, et c'est en observant le jeu de leurs prunelles effarées que nous avons deviné où il fallait venir.

Qui donc habitait là, séquestré derrière tant de murs, tant de murs plus effroyables mille fois que ceux de toutes nos prisons d'Occident? Qui pouvait-il bien être, l'homme qui dormait dans ce lit, sous ces soies d'un bleuâtre nocturne, et, qui, pendant ses rêveries, à la tombée des soirs, ou bien à l'aube des jours glacés d'hiver pendant l'oppression de ses réveils, contemplait ces pensifs petits bouquets sous globe, rangés en symétrie sur les coffres noirs?...

C'était lui, l'invisible empereur fils du Ciel, l'étiolé et l'enfantin, dont l'empire est plus vaste que notre Europe, et qui règne comme un vague fantôme sur quatre ou cinq cents millions de sujets.

De même que s'épuise dans ses veines la sève des ancêtres presque déifiés, qui s'immobilisèrent trop longtemps au fond de palais plus sacrés que des temples, de même se rapetisse, dégénère et s'enveloppe de crépuscule le lieu où il se complaît à vivre. Le cadre immense des empereurs d'autrefois l'épouvante, et il laisse à l'abandon tout cela; l'herbe pousse, et les broussailles sauvages, sur les majestueuses rampes de marbre, dans les grandioses cours; les corbeaux et les pigeons nichent par centaines aux voûtes dorées des salles de trône, couvrant de terre et de fiente les tapis somptueusement étranges qu'on y laisse pourrir. Cet inviolable palais, d'une lieue de tour, qu'on n'avait jamais vu, dont on ne pouvait rien savoir, rien deviner, réservait aux Européens, qui viennent d'y entrer pour la première fois, la surprise d'un délabrement funèbre et d'un silence de nécropole.

Il n'allait jamais par là, le pâle empereur. Non, ce qui lui seyait à lui, c'était le quartier des jardinets et des préaux sans vue, le quartier mièvre par où les eunuques regrettaient de nous avoir fait passer. Et, c'était, dans un renfoncement craintif, le lit-alcôve, aux rideaux bleu-nuit.

De petits appartements privés, derrière la chambre morose, se prolongent avec des airs de souterrains dans la pénombre plus épaisse; l'ébène y domine; tout y est volontairement sans éclat, même les tristes bouquets momifiés sous leurs globes. On y trouve un piano aux notes très douces, que le jeune empereur apprenait à toucher, malgré ses ongles longs et frêles; un harmonium; une grande boîte à musique jouant des airs de nostalgie chinoise, avec des sons que l'on dirait éteints sous les eaux d'un lac.

Et enfin, voici le retiro sans doute le plus cher, étroit et bas comme une cabine de bord, où s'exagère la fine senteur de thé et de rose séchée.

Là, devant un soupirail voilé de papier de riz qui tamise des petites lueurs mortes, un matelas en soie impériale jaune d'or semble garder l'empreinte d'un corps, habituellement étendu. Il y traîne quelques livres, quelques papiers intimes. Plaquées au mur, il y a deux ou trois images de rien, pas même encadrées, représentant des roses incolores,—et, écrite en chinois, la dernière ordonnance du médecin pour ce continuel malade.

Qu'était-ce, au fond, que ce rêveur, qui le dira jamais? Quelle vision déformée lui avait-on léguée des choses de la terre, et des choses d'au delà, que figurent ici pour lui tant d'épouvantables symboles? Les empereurs demi-dieux dont il descend faisaient trembler la vieille Asie, et, devant leur trône, les souverains tributaires venaient de loin se prosterner, emplissant ce lieu de cortèges et d'étendards dont nous n'imaginons plus la magnificence; lui, le séquestré et le solitaire, entre ces mêmes murailles aujourd'hui silencieuses, comment et sous quels aspects de fantasmagorie qui s'efface gardait-il en soi-même l'empreinte des passés prodigieux?

Et quel désarroi sans doute, dans l'insondable petit cerveau, depuis que vient de s'accomplir le forfait sans précédent, que ses plus folles terreurs n'auraient jamais su prévoir: le palais aux triples murs, violé jusqu'en ses recoins les plus secrets; lui, fils du Ciel, arraché à la demeure où vingt générations d'ancêtres avaient vécu inaccessibles; lui, obligé de fuir, et dans sa fuite, de se laisser regarder, d'agir à la lumière du soleil comme les autres hommes, peut-être même d'implorer et d'attendre!...

Au moment où nous sortons de la chambre abandonnée, nos ordonnances, qui s'étaient attardés à dessein derrière nous, se jettent en riant sur le lit aux rideaux couleur de ciel nocturne, et j'entends l'un d'eux à la cantonade, avec une voix gaie et l'accent gascon:

—Comme ça au moins, mon vieux, nous pourrons dire que nous nous sommes couchés dans le lit de l'empereur de Chine!

IV

Lundi 22 octobre.

Des équipes de Chinois—parmi lesquels on nous a prévenus qu'il y a des espions et des Boxers—entretenant dans notre palais le feu de deux fours souterrains, nous ont chauffés toute la nuit par en dessous, plutôt trop. A notre réveil d'ailleurs, c'est comme hier une illusion d'été, sous nos légères vérandas, aux colonnettes vertes peinturlurées de lotus roses. Et un soleil tout de suite brûlant monte et rayonne sur le pèlerinage presque macabre que je vais faire à cheval, vers l'Ouest, en dehors de la «Ville tartare», à travers le silence de faubourgs détruits, parmi des ruines et de la cendre.

De ce côté, dans la poussiéreuse campagne, étaient des cimetières chrétiens qui, même en 1860, n'avaient pas été violés par la populace jaune. Mais cette fois on s'est acharné contre ces morts, et c'est là partout le chaos et l'abomination; les plus vieux ossements, les restes des missionnaires qui dormaient depuis trois siècles, ont été déterrés, concassés, pilés avec rage, et puis jetés au feu afin d'anéantir, suivant la croyance chinoise, ce qui pouvait encore y rester d'âme.—Et il faut être un peu au courant des idées de ce pays pour comprendre l'énormité de cette suprême insulte, faite du même coup à toutes nos races occidentales.

Il était singulièrement somptueux, ce cimetière des Pères Jésuites, qui furent jadis si puissants auprès des empereurs Célestes, et qui empruntaient, pour leurs propres tombes les emblèmes funéraires des princes de la Chine. La terre est jonchée à présent de leurs grands dragons de marbre, de leurs grandes tortues de marbre, de leurs hautes stèles enroulées de chimères; on a renversé, brisé toutes ces sculptures, brisé aussi les lourdes pierres des caveaux, et profondément retourné le sol.

Un plus modeste enclos, près de celui-là, recevait depuis de longues années les morts des légations européennes. Il a subi la même injure que le beau cimetière des Jésuites: on a fouillé toutes les fosses, broyé tous les cadavres, violé même de petits cercueils d'enfant. Quelques débris humains, quelques morceaux de crâne ou de mâchoires traînent encore par terre, avec les croix renversées. Et c'est une des plus poignantes désolations qui se soient jamais étalées devant mes yeux au soleil d'un radieux matin.

Tout à côté demeuraient des bonnes Soeurs, qui tenaient une école de petites Chinoises: il ne reste plus de leurs modestes maisons qu'un amas de briques et de cendres; on a même arraché les arbres de leurs jardins pour les repiquer la tête en bas, par ironie.

Et voici à peu près leur histoire.

Elles étaient seules, la nuit où un millier de Boxers vinrent hurler à la mort sous leurs murs, en jouant du gong; alors elles se mirent en prières dans leur chapelle pour attendre le martyre. Cependant les clameurs s'apaisèrent, et quand le jour se leva, les alentours étaient vides; elles purent se sauver à Pékin et s'abriter dans l'enclos de l'évêché, emmenant le troupeau épouvanté de leurs petites élèves. Lorsqu'on demanda par la suite aux Boxers: «Comment n'êtes-vous pas entrés pour les tuer?» Ils répondirent: «C'est que nous avons vu tous les murs du couvent se garnir de têtes de soldats et de canons de fusil.» Elles ne durent la vie qu'à cette hallucination des tortionnaires.

Les puits de leurs jardins dévastés remplissent aujourd'hui le voisinage d'une odeur de mort. C'étaient trois grands puits ouverts, larges comme des citernes, fournissant une eau si pure qu'on l'envoyait de loin chercher pour le service des légations. Les Boxers les ont comblés jusqu'à la margelle avec les corps mutilés des petits garçons de l'école des Frères et des familles chrétiennes d'alentour. Les chiens tout de suite sont venus manger à même l'horrible tas, qui montait au niveau du sol; mais il y en avait trop; aussi beaucoup de cette chair est-elle restée, se conservant dans la sécheresse et dans le froid,—et montrant encore des stigmates de supplice. Telle pauvre cuisse a été zébrée de coupures, comme ces entailles faites sur les miches de pain par les boulangers. Telle pauvre main n'a plus d'ongles. Et voici une femme à qui l'on a tranché, avec quelque coutelas, une partie intime de son corps pour la lui mettre dans la bouche, où les chiens l'ont laissée entre les mâchoires béantes... On dirait du sel, sur ces cadavres, et c'est de la gelée blanche qui n'a pas fondu dans les affreux replis d'ombre. Le soleil cependant, l'implacable et clair soleil, détaille les maigreurs, les saillies d'os, exagère l'horreur des bouches ouvertes, la rigidité des poses d'angoisse et des contournements d'agonie.

Pas un nuage aujourd'hui; un ciel profond et pâle, d'où tombe une étincelante lumière.—Et il en sera ainsi tout l'hiver, paraît-il, même pendant les plus grands froids, les temps sombres,—les pluies, les neiges étant à Pékin des exceptions très rares.

Après notre bref déjeuner de soldats, servi dans les précieuses porcelaines, au milieu de la longue galerie vitrée, je quitte notre «palais du Nord» pour m'installer au travail, sur l'autre rive, dans ce kiosque dont j'ai fait choix hier matin. Il est environ deux heures; un vrai soleil d'été, dirait-on, rayonne sur mon chemin solitaire, sur les blancheurs du Pont de Marbre, sur les vases du lac et sur les cadavres qui dorment parmi les feuilles gelées des lotus.

A l'entrée du palais de la Rotonde, les hommes de garde m'ouvrent et referment derrière moi, sans me suivre, les battants de laque rouge. Je gravis le plan incliné qui mène à l'esplanade, et me voici seul, largement seul, dans le silence de mon jardin suspendu et de mon palais étrange.

Pour se rendre à mon cabinet de travail, il faut passer par d'étroits couloirs aux fines boiseries, qui se contournent dans la pénombre, entre de vieux arbres et des rocailles très maniérées. Ensuite, c'est le kiosque inondé de lumière; le beau soleil tombe sur ma table, sur mes sièges noirs et mes coussins jaune d'or; le beau soleil mélancolique d'octobre illumine et chauffe ce réduit d'élection, où l'Impératrice, paraît-il, aimait venir s'asseoir et contempler de haut son lac tout rose de fleurs.

Contre les vitres, les derniers papillons, les dernières guêpes battent des ailes, prolongés par cette chaleur de serre. Devant moi, s'étend ce grand lac impérial, que le Pont de Marbre traverse; sur les deux rives, des arbres séculaires lui font comme une ceinture de forêt, d'où s'élèvent des toits compliqués de palais ou de pagodes, qui sont de merveilleux amas de faïences. Comme dans les paysages peints sur éventail chinois, il y a, aux tout premiers plans, la mignardise des rocailles, les petits monstres d'émail d'un kiosque voisin, et, tranchant sur les lointains clairs, des branches noueuses qui retombent de quelque vieux cèdre.

Je suis seul, largement et délicieusement seul, et très haut perché, parmi des splendeurs dévastées et muettes, dans un lieu inaccessible dont les abords sont gardés par des sentinelles. Parfois, un cri de corbeau. Ou bien, de loin en loin, le galop d'un cheval, en bas, au pied du rempart où pose mon habitation frêle: quelque estafette militaire qui passe. Autrement rien; pas un bruit proche pour troubler le calme ensoleillé de ma retraite, pas une surprise possible, pas une visite...

Je travaille depuis une heure, quand un très léger frôlement derrière moi, du côté des petits couloirs d'entrée, me donne le sentiment de quelque discrète et gentille présence, et je me retourne: un chat, qui s'arrête court, une patte en l'air, hésitant, et me regarde bien dans les yeux, avec un air de dire: «Qui es-tu toi? Et qu'est-ce que tu fais ici?...»

Je l'appelle tout bas; il répond par un miaulement plaintif,—et je me remets à écrire, toujours plein de tact avec les chats, sachant très bien que, pour une première entrevue, il n'y a pas à insister davantage.

Un très joli chat, blanc et jaune, qui a l'air distingué, élégant et même grand seigneur.

Un moment après, tout contre ma jambe, le frôlement est renouvelé; alors je fais descendre avec lenteur, en plusieurs temps, ma main jusqu'à la petite tête veloutée qui, après un soubresaut, se laisse caresser, s'abandonne. C'est fini, la connaissance est faite.—Un chat habitué aux caresses, c'est visible, un familier de l'Impératrice vraisemblablement. Demain et chaque jour, je prierai mon ordonnance de lui apporter une collation froide, prise sur mes vivres de campagne.

Elle finit avec le jour, l'illusion d'été, en ces climats. Le soleil, à l'heure où il s'abaisse, énorme et rouge, derrière le Lac des Lotus, prend tout à coup son air triste de soleil d'hiver, en même temps qu'un frisson passe sur les choses et que, soudainement, tout devient funèbre dans le palais vide. Alors, pour la première fois de la journée, j'entends des pas qui s'approchent, résonnant au milieu du silence sur les dalles de l'esplanade: mes serviteurs, Osman et Renaud, qui viennent me chercher comme ils en ont la consigne; ce sont d'ailleurs les seuls êtres humains pour qui la porte du rempart, au-dessous de moi, ait reçu l'ordre de s'ouvrir.

Il fait un froid glacial et la buée de chaque soir commence de former nuage sur le Lac des Lotus quand nous retraversons le Pont de Marbre, au crépuscule, pour rentrer chez nous.

Après le souper, par nuit noire, chasse à l'homme, dans les salles et les cours de notre palais. Les précédentes nuits, à travers la transparence des vitrages, nous avions aperçu d'inquiétantes petites lumières—tout de suite éteintes si nous faisions du bruit—circulant dans les galeries inhabitées et un peu lointaines, comme des feux follets. Et la battue de ce soir amène la capture de trois inconnus, arrivée par-dessus les murs avec coutelas et fanal sourd, pour piller dans les réserves impériales: deux Chinois et un Européen, soldat d'une nation alliée. Afin de ne pas susciter d'histoires, on se contente de les mettre dehors, amplement giflés et bâtonnés.

V

Mardi 23 octobre.

Il a gelé plus fort cette nuit, et le sol des cours est couvert de petits cristaux blancs quand nous commençons, dans les galeries et les dépendances du palais, nos explorations de chaque matin.

Tout ce qui fut jadis logements de missionnaires lazaristes ou salles d'école est bondé de caisses; il y a là des réserves de soie et des réserves de thé; il y a aussi des amas de vieux bronzes, vases ou brûle-parfums, empilés jusqu'à hauteur d'homme.

Mais c'est encore l'église qui demeure la mine la plus extraordinaire, la caverne d'Ali-Baba, la plus remplie. Outre les objets anciens apportés de la «Ville violette», l'Impératrice y avait fait entasser tous les cadeaux reçus, il y a deux ans, pour son jubilé. (Et le défilé des mandarins qui, en cette occasion, apportèrent des présents à la souveraine avait, paraît-il, une lieue de longueur et dura toute une journée.)

Dans la nef, dans les bas-côtés, les monceaux de caisses et de boîtes s'élèvent jusqu'à mi-hauteur des colonnes. Malgré les bouleversements, malgré les pillages faits à la hâte par ceux qui nous ont précédés ici, Chinois, Japonais, soldats allemands ou russes, il reste encore des merveilles. Les plus énormes coffres, ceux d'en dessous, préservés par leur lourdeur même et par les amas de choses qui les recouvraient, n'ont même pas été ouverts. On s'est attaqué plutôt aux innombrables bibelots posés par-dessus, et enfermés pour la plupart dans des guérites de verre ou des écrins de soie jaune: bouquets artificiels en agate, en jade, en corail, en lapis; pagodes et paysages tout bleus, en plumes de martin-pêcheur prodigieusement travaillées; pagodes et paysages en ivoire, avec des milliers de petits bonshommes; oeuvres de patience chinoise, ayant coûté des années de travail, et aujourd'hui brisées, crevées à coups de baïonnette, les débris de leurs grandes boîtes de verre jonchant le sol et craquant sous les pas.

Les robes impériales, en lourde soie, brochées de dragons d'or, traînent par terre, parmi les cassons de toute espèce. On marche dessus; on marche sur des ivoires ajourés, sur des vitres, des broderies, des perles.

Il y a des bronzes millénaires, pour les collections d'antiquités de l'Impératrice; il y a des paravents que l'on dirait sculptés et brodés par les génies et les fées; il y a des potiches anciennes, des cloisonnés, des craquelés, des laques. Et certaines caisses en dessous, portant l'adresse d'empereurs défunts depuis un siècle, renferment encore des présents qui étaient venus pour eux des provinces éloignées et que personne n'avait jamais pris la peine de déballer. La sacristie enfin de l'étonnante cathédrale contient, dans des séries de cartons, tous les somptueux costumes pour les acteurs du théâtre de l'Impératrice, avec leurs coiffures à la mode des vieux temps chinois.

Cette église, emplie de richesses païennes, a gardé là-haut ses orgues, muettes depuis quelque trente ans. Et nous montons, mon camarade et moi, dans la tribune, pour faire à nouveau résonner sous la voûte des chants de Bach ou d'Hændel, tandis qu'en bas nos chasseurs d'Afrique, enfoncés jusqu'aux genoux dans les ivoires, dans les soies, dans les costumes de cour, continuent de travailler au déblayement.

Vers dix heures ce matin, par les sentiers du grand bois impérial, qu'habitent en ces jours d'abomination les chiens, les pies et les corbeaux, je m'en vais, de l'autre côté de la «Ville violette», visiter le «Palais des ancêtres», gardé aujourd'hui par notre infanterie de marine, et qui était le saint des saints, le panthéon des empereurs morts, le temple dont on n'approchait même pas.

C'est dans une région particulièrement ombreuse; en avant de la porte d'entrée, les arcs de triomphe laqués de vert, de rouge et d'or, tourmentés et légers sur des pieds frêles, s'emmêlent aux ramures sombres: les énormes cèdres, les énormes cyprès tordus de vieillesse abritent et font verdir les monstres de marbre accroupis devant le seuil.

Une fois franchie la première enceinte, on en trouve naturellement une seconde. Toujours à l'ombre froide des vieux arbres, les cours se succèdent, magnifiquement funèbres, pavées de larges dalles entre lesquelles pousse une herbe de cimetière; chacun des cèdres, chacun des cyprès qui jette là son obscurité est entouré à la base d'une ceinture de marbre et semble sortir d'une corbeille sculptée. Tout est saupoudré de milliers de petites aiguilles résineuses qui éternellement tombent des branches. Des brûle-parfums géants, en bronze terni par les siècles, posent sur des socles, avec des emblèmes de mort.

Les choses, ici, portent un sceau jamais vu de vétusté et de mystère.

Et c'est bien un lieu unique, hanté par des mânes d'empereurs chinois.

Sur les côtés, des temples secondaires, dont les murailles de laque et d'or ont pris avec le temps des nuances de vieux cuir de Cordoue, renferment les pièces démontées des énormes catafalques, et les emblèmes, les objets sacrés pour l'accomplissement des rites funéraires. Là, tout est incompréhensible et d'aspect effroyable; on se sent profondément étranger à l'énigme des formes et des symboles.

Enfin, dans la dernière cour, sur une terrasse de marbre blanc, où sont postées en faction des biches de bronze, le palais des Ancêtres dresse sa façade aux ors ternis et sa haute toiture de faïence jaune.

C'est une salle unique, immense, grandiose et sombre, tout en or fané, mourant, passé au rougeâtre de cuivre. Au fond, s'alignent neuf portes mystérieuses, dont les doubles battants somptueux ont été scellés de cachets à la cire. Au milieu, sont restées les tables sur lesquelles on posait pieusement les repas pour les Mânes des ancêtres—et où, le jour de la prise de la «Ville jaune», nos soldats qui avaient faim furent heureux de trouver toute servie une collation imprévue. Et à chaque extrémité de la salle sonore, des carillons et des instruments à cordes attendent l'heure, qui ne reviendra peut-être jamais plus, de faire de la musique aux Ombres; longues cithares horizontales, rendant des sons graves et que supportent des monstres d'or aux yeux fermés; carillons gigantesques, l'un de cloches, l'autre de plaques de marbre et de jade suspendues par des chaînes d'or, et tous deux surmontés de grandes bêtes fantastiques, qui déploient leurs ailes d'or, dans la pénombre éternelle, vers les plafonds d'or.

Il y a aussi des armoires de laque, grandes comme des maisons, contenant des collections de peintures anciennes roulées sur des bâtons d'ébène ou d'ivoire et enveloppées dans des soies impériales.

Il en est de merveilleuses,—révélation d'un art chinois que l'on ne soupçonne guère en Occident, d'un art au moins égal au nôtre, bien que profondément dissemblable. Portraits d'empereurs en chasse ou en rêverie solitaire dans des forêts, dans des sites sauvages qui donnent l'effroi et le nostalgique désir de la nature d'autrefois, du monde inviolé des rochers, et des arbres. Portraits d'impératrices mortes, peints à l'aquarelle sur des soies bises, et rappelant un peu la grâce candide des Primitifs italiens; portraits pâles, pâles, presque incolores, comme si c'étaient plutôt des reflets de personnes, vaguement fixés et prêts à fuir; la perfection du modelé, obtenue avec rien, mais toute l'intensité concentrée dans les yeux que l'on sent ressemblants et qui vous font vivre, pour une étrange minute, face à face avec des princesses passées, endormies depuis des siècles sous les mausolées prodigieux... Et toutes ces peintures étaient des choses sacro-saintes, que jamais les Européens n'avaient vues, dont ils ne se doutaient même pas.

D'autres rouleaux, tout en longueur, qui, déployés sur les dalles, ont bien six ou huit mètres, représentent des cortèges, des réceptions à la Cour, des défilés d'ambassades, de cavaliers, d'armées, d'étendards: milliers de petits bonshommes dont les vêtements, les broderies, les armes supporteraient qu'on les regardât à la loupe. L'histoire du costume et du cérémonial chinois à travers les âges tient tout entière dans ces précieuses miniatures.—Nous y trouvons même la réception, par je ne sais quel empereur, d'une ambassade de Louis XIV: petits personnages aux figures très françaises, habillés comme pour se pavaner à Versailles, avec la perruque à l'instar du Roi-Soleil.

Dans le fond du temple, les neuf portes magnifiques, aux battants scellés, ferment les autels mortuaires de neuf empereurs. On veut bien briser pour moi les cachets de cire rouge et déchirer les bandelettes de toile à l'une de ces entrées si défendues, et je pénètre dans un des sanctuaires très sacrés,—celui du grand empereur Kouang-Su, dont la gloire resplendissait au commencement du XVIIIe siècle. Un sergent m'accompagne par ordre dans cette profanation, tenant à la main une bougie allumée qui semble brûler ici à regret, dans l'air plus rare et le froid du sépulcre.

Le temple était déjà bien sombre; mais à présent c'est la nuit noire, et on dirait qu'on a jeté de la terre et de la cendre sur les choses: toujours cette poussière, qui s'accumule sans trêve sur Pékin, comme un indice de vétusté et de mort. Passant de la lumière du jour, si amortie qu'elle soit, à la lueur d'une petite bougie effarée dans des ténèbres, on y voit d'abord confusément, et il y a une hésitation de la première minute, surtout si le lieu est saisissant par lui-même. J'ai devant moi un escalier de quelques marches, montant à une sorte de tabernacle qui me paraît chargé d'objets d'un art presque inconnu.

Et, à droite et à gauche, fermés par des serrures compliquées, sont des bahuts austères, en laque noir, dont il m'est permis de visiter l'intérieur: dans leurs compartiments, dans leurs doubles fonds à secret, ont été ensevelis par centaines les cachets impériaux de ce souverain, lourds cachets frappés pour toutes les circonstances de sa vie et tous les actes de son règne, en blocs d'onyx, de jade ou d'or; reliques sans prix auxquelles on ne devait plus toucher après les funérailles et qui dormaient là depuis deux fois cent ans.

Je monte ensuite au tabernacle, et le sergent promène sa petite bougie devant les merveilles qui sont là, sceptres de jade, vases aux formes d'une simplicité étrange et exquise, ou d'une complication déroutante, en jade sombre, en jade blême, en cloisonné sur or, ou en or massif... Et derrière cet autel, dans un recul d'obscurité, une grande figure, que je n'avais pas aperçue encore, me suit d'un regard oblique entre deux rideaux de soie jaune impérial, dont tous les plis sont devenus presque noirs de poussière: un pâle portrait de l'empereur défunt, un portrait en pied de grandeur naturelle, si effacé à la lueur de notre misérable bougie barbare, que l'on dirait l'image d'un fantôme reflétée dans une glace ternie... Or, quel sacrilège sans nom, aux yeux de ce mort, l'ouverture par nous des bahuts où reposent ses cachets, et rien que notre seule présence, dans ce lieu impénétrable entre tous, au milieu d'une impénétrable ville!...

Quand tout est soigneusement refermé, quand on a remis en place les scellés de cire rouge et rendu le pâle reflet du vieil empereur à son silence, à ses ténèbres habituelles, j'ai hâte de sortir du froid tombal qu'il fait ici, de respirer plus d'air, de retrouver sur la terrasse, à côté des bêtes de bronze, un peu du soleil d'automne filtré entre les branches des cèdres.

Je vais aujourd'hui déjeuner à l'extrême nord du bois impérial, invité par des officiers français qui sont logés là, au «Temple des vers à soie». Et chez eux, c'est encore un admirable vieux sanctuaire, précédé de cours pompeuses, où des vases de bronze décorent des terrasses de marbre.—Un monde de temples et de palais dans la verdure, cette «Ville jaune». Jusqu'au mois dernier, les voyageurs qui croyaient visiter la Chine et pour qui tout cela restait muré, interdit, vraiment ne pouvaient rien imaginer du Pékin merveilleux que la guerre vient de nous ouvrir.

Quand, vers deux heures, je reprends le chemin de mon palais de la Rotonde, un brûlant soleil rayonne sur les cèdres noirs, sur les saules qui s'effeuillent; comme en été, on recherche l'ombre. Et, près de ma porte, à l'entrée du Pont de

Marbre, mes mornes voisins, les deux cadavres en robe bleue qui gisent parmi les lotus, baignent dans une ironique splendeur de lumière.

Après que les soldats de garde ont refermé derrière moi l'espèce de poterne basse par où l'on accède à mes jardins suspendus, me voici de nouveau seul dans le silence,—jusqu'à l'heure où les rayons de ce soleil, tombant plus obliques et plus rougis sur ma table à écrire, m'annonceront le triste soir.

A peine suis-je installé au travail qu'un petit coup de tête amical, discrètement frappé contre ma jambe pour appeler mon attention, m'annonce la visite du chat.—Je l'avais d'ailleurs prévue, cette visite, et je dois m'attendre à la recevoir à présent chaque jour.

Une heure passe, dans un calme idéal, traversé tout au plus de deux ou trois cris de corbeau. Et puis j'entends, au pied de mon rempart, un galop de cavalerie, très bruyant sur les dalles de pierre de la route: c'est le feld-maréchal de Waldersee, suivi d'une escorte de soldats portant des fanions au bout de leurs lances. Il rentre chez lui, dans le palais qu'il habite non loin d'ici, et qui est la plus somptueuse de toutes les résidences de l'Impératrice. Je suis des yeux sur le Pont de Marbre la chevauchée qui s'éloigne, tourne à gauche, se perd derrière les arbres. Et le silence aussitôt revient, absolu comme devant.

De temps à autre, je vais me promener sur mes hautes terrasses dallées, y découvrant chaque fois des choses nouvelles. Au pied de mes cèdres, il y a d'énormes tam-tams pour appeler les Esprits; il y a des plates-bandes de chrysanthèmes jaunes et d'oeillets d'Inde jaunes, auxquels la gelée a laissé quelques fleurs; il y a une sorte de dais, en faïence et en marbre, abritant un objet d'aspect au premier abord indéfinissable: l'un des plus gros blocs de jade qui soient au monde, taillé à l'imitation d'un flot de la mer, avec des monstres luttant au milieu de l'écume.

Je vais aussi visiter les kiosques déserts, qui sont encore meublés de trônes d'ébène, de divans et de coussins de soie jaune, et qui ressemblent à des nids d'amour clandestin.—Sans doute, en effet, la belle souveraine, vieillie et encore galante, y venait-elle s'isoler avec ses favoris, dans les soies impériales et la pénombre complice.

Aujourd'hui, en ce palais de rêve, ma seule compagne est la grande déesse d'albâtre en robe d'or, qui sourit toujours à ses vases brisés et à ses fleurs fanées; mais son temple, où n'entre pas le soleil, est éternellement glacial et devient obscur avant l'heure.

Maintenant, du reste, c'est décidément le soir: le froid commence de me prendre, même dans mon kiosque vitré. Le soleil, qui sur notre France est à son apogée méridienne, ici tombe, tombe, triste boule rouge qui n'a plus ni chaleur ni rayons, et qui va s'abîmer derrière le Lac des Lotus, dans une buée d'hiver.

En quelques minutes, arrive le froid des nuits; j'ai la sensation comme d'une descente brusque dans un caveau plein de glace,—en même temps que je retrouve la petite furtive angoisse d'être exilé très loin, au milieu d'étrangetés qui s'assombrissent.

Et j'accueille en amis mes deux serviteurs qui viennent me chercher pour rentrer au palais du Nord, m'apportant un manteau.

VI

Mercredi 24 octobre.

Le même soleil radieux se lève sur nos galeries vitrées, et nos jardins, et nos bois saupoudrés de gelée blanche qui vont de plus en plus s'effeuillant.

Et chaque jour, c'est la même activité de nos soldats menant leurs équipes de Chinois qui déblayent la nef gothique; ils séparent avec soin les merveilles restées intactes, ou peu s'en faut, de tout ce qui n'est plus qu'irréparables débris. A travers nos cours, le va-et-vient est continuel, de meubles, de bronzes précieux promenés sur des brancards; tout cela, inventorié au fur et à mesure, sort de l'église ou du presbytère, va s'installer dans des locaux inutilisables en ce moment pour nos troupes, en attendant qu'on le transporte au palais des Ancêtres, où on le laissera dormir sous scellés.

Et nous en avons tant vu, de ces choses magnifiques, tant vu que ça devient satiété et lassitude. Les plus étonnantes découvertes, faites au fond des plus vieilles caisses, ont cessé de nous étonner; rien ne nous plaît plus pour la décoration—oh! si passagère!—de nos appartements; rien n'est assez beau pour nos fantaisies d'Héliogabale—qui n'auront pas de lendemain, puisqu'il faut, dans peu de jours, que l'inventaire soit terminé, et que nos longues galeries, redevenues modestes, soient morcelées en chambres d'officier et en bureaux.

En fait de découvertes, nous avons ce matin celle d'un amas de cadavres: les derniers défenseurs de la «Ville impériale», tombés là, au fond de leur tranchée suprême, en tas, et restés enchevêtrés dans leurs poses d'agonie. Les corbeaux et les chiens, descendus an fond du trou, leur ont vidé le thorax, mangé les intestins et les yeux; dans un fouillis de membres n'ayant presque plus de chair, on voit des épines dorsales toutes rouges se contourner parmi des lambeaux de vêtements. Presque tous ont gardé leurs souliers, mais ils n'ont plus de chevelure: avec les chiens et les corbeaux, d'autres Chinois évidemment sont descendus aussi dans le trou profond et ont scalpé ces morts pour faire de fausses queues. Du reste, les postiches pour hommes étant en honneur à Pékin, tous les cadavres qui gisent dans nos environs ont la natte arrachée avec la peau et laissent voir le blanc de leur crâne.

Aujourd'hui, je quitte de bonne heure et pour toute la journée notre «palais du Nord», ayant à me rendre dans le quartier des Européens, auprès de notre ministre. A la légation d'Espagne, où il a été recueilli, il est toujours alité, mais convalescent, et je pourrai lui faire enfin les communications dont j'ai été chargé par l'amiral.

84

Voici quatre jours que je n'avais franchi les murailles rouges de la «Ville impériale», que je n'étais sorti de notre solitude superbe. Et quand je me retrouve au milieu de la laideur des petites ruines grises dans les rues banales de la «Ville tartare», dans le Pékin de tout le monde, dans le Pékin que tous les voyageurs connaissaient, j'apprécie mieux l'étrangeté unique de notre grand bois, de notre grand lac, et de nos splendeurs défendues.

Cette ville du peuple cependant paraît déjà moins funèbre que le jour de mon arrivée, sous le vent de neige. Ainsi qu'on me l'avait dit, les gens ont commencé à revenir; en ce moment Pékin se repeuple; même dans les quartiers les plus détruits, des boutiques sont rouvertes, on rebâtit des maisons, et déjà se reprennent les humbles et comiques petits métiers exercés le long des rues, sur des tables, sous des tentes, sous des parasols,—à ce chaud soleil de l'automne chinois, ami des myriades de pauvres hères qui n'ont pas de feu.

VII

AU TEMPLE DES LAMAS

Le temple des Lamas, le plus vieux sanctuaire de Pékin et l'un des plus singuliers du monde, contient à profusion des merveilles d'ancienne orfèvrerie chinoise et d'inestimables bibliothèques.

On l'a très peu vu, ce temple précieux, bien qu'il ait duré des siècles. Avant l'invasion européenne de cette année, l'accès en était strictement interdit aux «barbares d'Occident». Et depuis que les alliés sont maîtres de Pékin, on n'y est guère allé non plus; il a pour sauvegarde sa situation même, contre l'angle de la muraille tartare, dans une partie tout à fait morte de cette ville—qui se meurt de siècle en siècle, par quartiers, comme se dessèchent branche par branche les vieux arbres.

Quand j'y viens aujourd'hui en pèlerinage avec les membres de la légation de France, nous y pénétrons tous pour la première fois de notre vie.

Pour nous y rendre, sous le vent glacé et l'éternelle poussière, nous avons d'abord traversé le «marché de l'Est», trois ou quatre kilomètres d'un Pékin insolite et lamentable, un Pékin de crise et de déroute, où tout se vend par terre, étalé sur les immondices et sur la cendre. A la guenille et à la ferraille se mêlent d'introuvables choses, que des générations de mandarins s'étaient pieusement transmises; les vieux palais détruits ont vomi là, comme les maisons de pauvres, leur plus étonnant contenu séculaire; des débris sordides et des débris merveilleux; à côté d'une loque empestée, un bibelot de trois mille ans. Le long des maisons, à perte de vue, pendent à des clous des défroques de morts et de mortes, formant une boutique à la toilette extravagante et sans fin; des fourrures opulentes de Mongolie, volées chez des riches; des costumes clinquants de courtisane, ou des robes en soies lourdes et magnifiques, ayant appartenu à des grandes dames disparues. La populace chinoise—qui aura cent fois plus fait que l'invasion des alliés pour le pillage, l'incendie et la destruction de Pékin,—la basse populace uniformément sale, en robe de coton bleu, avec de mauvais petits yeux louches, grouille, pullule là dedans, innombrable et pressée, soulevant la poussière et les microbes en tourbillons noirs. Et d'ignobles drôles à longue queue circulent au milieu de la foule, offrant pour quelques piastres des robes d'hermine ou des renards bleus, des zibelines admirables, dans la hâte de s'en défaire et la peur d'être pris.

Cependant le silence se fait par degrés, à mesure que nous approchons du but de notre course; aux rues agitées, aux rues encombrées, succèdent peu à peu les rues mortes de vieillesse, où il n'y a plus de passants; l'herbe verdit au seuil des portes et on voit, au-dessus des murs abandonnés, monter des arbres aux branches noueuses comme de vieux bras.

Nous mettons pied à terre devant un portail croulant, qui semble donner sur un parc pour promenades de fantômes,—et c'est, cela, l'entrée du temple.

Quel accueil nous fera-t-on dans cet enclos de mystère? Nous n'en savons rien, et d'abord il n'y a personne pour nous recevoir.

Mais le chef des lamas paraît bientôt, avec des saluts, apportant ses clefs, et nous le suivons à travers le petit parc funèbre.

Robe violette et chevelure rasée, figure de vieille cire, à la fois souriante, épeurée et hostile, il nous conduit à un second portail ouvrant sur une immense cour dallée de pierres blanches, que les premiers bâtiments du temple entourent de leurs murs compliqués, fouillés, de leurs toits courbes et griffus, de leurs masses inquiétantes et hermétiquement fermées,—tout cela couleur d'ocre et de rouille, avec des reflets d'or jetés sur le haut des tuiles par le triste soleil du soir.

La cour est déserte, et l'herbe des ruines, il va sans dire, croît entre ses dalles. Et sur des estrades de marbre blanc, devant les portes closes de ces grands temples rouillés par les siècles, sont rangés des «moulins-à-prières» sortes de troncs de cône en bronze gravés de signes secrets, que l'on fait tourner, tourner, en murmurant des paroles inintelligibles pour les hommes de nos jours...

Dans la vieille Asie, notre aïeule, il m'est arrivé de pénétrer au fond de bien des sanctuaires sans âge, et de frémir d'une angoisse essentiellement indéfinissable, devant des symboles au sens depuis des siècles perdu. Mais cette sorte d'angoisse-là jamais ne s'était compliquée d'autant de mélancolie que ce soir, par ce vent froid, dans la solitude, dans le délabrement de cette cour, sur ces pavés blancs et ces herbes, entre ces mystérieuses façades couleur d'ocre et de rouille, devant la muette rangée de ces moulins-à-prière.

De jeunes lamas, venus sans bruit comme des ombres, apparaissent l'un après l'autre derrière nous; même des enfants lamas,—car on commence de les instruire tout petits dans ces rites millénaires que personne ne comprend plus.

Ils sont jeunes, mais ils n'ont aucune jeunesse d'aspect; la sénilité est sur eux, irrémédiable, avec je ne sais quelle hébétude mystique; leurs regards ont l'air de venir du fond des siècles et de s'être ternis en route. Pauvreté ou renoncement, leurs robes jaunes ne sont plus que des loques décolorées, sur leurs maigres corps. On les dirait tous, costumes et visages, saupoudrés de la cendre du temps, comme leur culte et comme leur sanctuaire.

Ils veulent bien nous montrer, dans ces grands bâtiments aujourd'hui anéantis, tout ce que nous désirons voir,—et on commence par les salles d'étude, où se sont lentement formées tant de générations de prêtres figés et obscurs.

En y regardant de près, on s'aperçoit que toutes ces murailles, à présent couleur de métal oxydé, ont été jadis chamarrées de dessins éclatants, de laques et de dorures; pour les unifier ainsi dans des tons de vieux bronze, il a fallu une suite indéfinie d'étés brûlants et d'hivers glacés, avec toujours cette poussière, cette poussière incessante, soufflée sur Pékin par les déserts de Mongolie.

Elles sont très sombres, leurs salles d'étude,—et le contraire nous eût surpris; cela explique d'ailleurs leurs yeux bombés dans leurs paupières fanées. Très sombres, mais immenses, somptueuses encore malgré la décrépitude, et conçues dans des proportions grandioses, comme tous les monuments anciens de cette ville, qui fut en son temps la plus magnifique du monde. Les hauts plafonds, où s'enroulent des chimères d'or, sont soutenus par des colonnes de laque. Les petits sièges pour les étudiants, les petits pupitres sculptés s'alignent par centaines, usés, rongés, déformés sous les frottements humains. Des dieux en robe dorée, assis dans les coins, brillent de reflets atténués. Des tentures murales, d'un travail ancien et sans prix, représentent, parmi des nuages, les béatitudes des paradis du Néant. Et les bibliothèques débordent de manuscrits, les uns ayant forme de livre, les autres en grands rouleaux, enveloppés dans des soies éteintes.

On nous montre ensuite un premier temple,—et c'est un chatoiement d'ors aussitôt que la porte s'ouvre. Des ors discrets, ayant ces tons chauds et un peu rouges que les laques prennent au cours des siècles. Trois autels d'or, où trônent, au milieu d'une pléiade de petits dieux d'or tous pareils entre eux, trois grands dieux d'or aux paupières baissées. Toutes pareilles aussi, en leur raideur archaïque, les gerbes de fleurs d'or plantées dans les vases d'or qui s'alignent devant ces autels. Du reste, la répétition, la multiplication obstinée des mêmes choses, des mêmes attitudes et des mêmes visages est un des caractères de l'art immuable des pagodes. Ainsi que dans tous les temples d'autrefois, il n'y a aucune ouverture pour la lumière; seules, les lueurs glissées dans l'entre-bâillement des portes éclairent par en dessous le sourire des grandes idoles assises et l'enlacement des chimères qui se contournent dans les nuages du plafond. Rien n'a été touché, rien n'a été enlevé, pas même les cloisonnés admirables où brûlent des baguettes parfumées; évidemment on a ignoré ce lieu, on y est à peine venu.

Derrière ce temple, derrière ses dépendances poussiéreuses et déjà pleines d'ombre, où sont figurés les supplices de l'enfer bouddhique, les lamas nous conduisent dans une seconde cour aux dalles blanches, en tout semblable à la première; même délabrement et même solitude, entre les mêmes murailles aux nuances de cuivre et de rouille.

Après cette seconde cour, un second temple, tellement identique au premier, tellement, qu'on se demande si on n'est pas le jouet de quelque illusion, dans ce domaine des Esprits étranges: mêmes figures et mêmes sourires, aux mêmes places; mêmes bouquets dorés dans des vases d'or; reproduction patiente et servile des mêmes magnificences.

Après ce second temple, une troisième cour, encore pareille aux deux autres, avec un troisième temple qui se dresse au fond, pareil aux deux premiers! Toute pareille, cette cour, avec la même herbe de cimetière entre ses dalles usées. Mais le soleil plus bas n'éclaire plus que le faîte extrême des toits de faïence, les mille petits monstres d'émail jaune qui ont l'air de se poursuivre sur la courbure des tuiles. On frissonne de froid, le vent devenu plus âpre. Et les pigeons qui nichent aux corniches sculptées s'agitent déjà pour leur couchage, tandis que s'éveillent des hiboux silencieux qui commencent à tournoyer.

Ainsi que nous l'attendions, ce dernier temple—le plus caduc peut-être, le plus déjeté et le plus vermoulu—ne présente que la répétition obsédante des deux autres,—sauf pourtant l'idole du centre qui, au lieu d'être assise et de taille humaine, surgit debout, géante, imprévue et presque effroyable. Les plafonds d'or, coupés pour la laisser passer, lui arrivent à mi-jambe, et elle monte toute droite sous une espèce de clocher doré, qui la tient par trop étroitement emboîtée. Pour voir son visage, il faut s'approcher tout contre les autels, et lever la tête au milieu des brûle-parfums et des rigides fleurs: on dirait alors une momie de Titan érigée dans sa gaine, et son regard baissé, au premier abord, cause quelque crainte. Mais, en la fixant, on subit d'elle un maléfice plutôt charmeur; on se sent hypnotisé et retenu là par son sourire, qui tombe d'en haut si détaché et si tranquille, sur tout son entourage de splendeur expirante, d'or et de poussière,—de froid, de crépuscule, de ruines et de silence...

VIII

CHEZ CONFUCIUS

Quand nous sortons de chez ces fantômes de Lamas, une demi-heure de soleil nous reste encore, et nous allons chez Confucius qui habite le même quartier,—la même nécropole pourrait-on dire,—dans un délaissement aussi funèbre.

La grande porte vermoulue, pour nous livrer passage, s'arrache de ses gonds et s'effondre, tandis qu'un hibou, qui dormait par là, prend peur et s'envole. Et nous voici dans une sorte de bois mortuaire, marchant sur l'herbe jaunie d'automne, parmi de vieux arbres à bout de sève.

Un arc de triomphe d'abord se présente à nous dans ce bois: hommage de quelque souverain défunt au grand penseur de la Chine. Il est d'un dessin charmant, dans l'excès même de son étrangeté, sous les trois clochetons d'émail jaune qui le couronnent de leurs toits courbes, ornés de monstres à tous les angles. Il ne se relie à rien. Il est posé là comme un bibelot précieux que l'on aurait égaré parmi des ruines. Et sa fraîcheur surprend, au milieu du délabrement de toutes choses. De près, cependant, on s'aperçoit de son grand âge, à je ne sais quel archaïsme de détails et quelle imperceptible usure; mais il est composé de matériaux presque éternels, où même la poussière des siècles ne saurait avoir prise, sous ce climat sans pluie: marbre blanc pour la base, faïence ensuite jusqu'au sommet,—faïence jaune et verte, représentant, en haut relief, des feuilles de lotus, des nuages et des chimères.

Plus loin, une grande rotonde, qui accuse une antiquité extrême, nous apparaît couleur de terre ou de cendre, entourée d'un fossé où meurent des lotus et des roseaux. Cela, c'était un lieu pour les sages, une retraite où ils venaient méditer sur la vanité de la vie, et ce large fossé avait pour but de l'isoler, d'y faire plus de silence.

On y accède par la courbe d'un pont de marbre dont les balustres ébauchent vaguement des têtes de monstres. A l'intérieur, c'est la décrépitude, l'abandon suprêmes; tout semble déjeté, croulant, et la voûte, encore dorée, est pleine de nids d'oiseaux. Il y reste une chaire, jadis magnifique, avec un fauteuil et une table. Sur toutes ces choses, on dirait qu'on a semé à pleines pelletées une sorte de terre très fine, dont le sol est aussi recouvert; les pas s'enfoncent et s'assourdissent dans cette terre-là, qui est répandue partout en couche uniforme,—et sous laquelle on s'aperçoit bientôt que des tapis subsistent encore; ce n'est cependant que de la poussière, accumulée depuis des siècles, l'épaisse et la continuelle poussière que souffle sur Pékin le vent de Mongolie.

En cheminant un peu dans l'herbe flétrie, sous les vieux arbres desséchés, on arrive au temple lui-même, précédé d'une cour où de hautes bornes de marbre ont été plantées. On dirait tout à fait un cimetière, cette fois,—et pourtant les morts n'habitent point sous ces stèles, qui sont seulement pour glorifier leur mémoire. Philosophes qui, dans les siècles révolus, illustrèrent ce lieu par leur présence et leurs rêveries, profonds penseurs à jamais ténébreux pour nous, leurs noms revivent là gravés, avec quelques-unes de leurs pensées les plus transcendantes.

De chaque côté des marches blanches qui mènent au sanctuaire, sont rangés des blocs de marbre en forme de tam-tam,—objets d'une antiquité à donner le vertige, sur lesquels des maximes, intelligibles seulement pour quelques mandarins très érudits, ont été inscrites jadis en caractères chinois primitifs, en lettres contemporaines et soeurs des hiéroglyphes de l'Égypte.

C'est ici le temple du détachement, le temple de la pensée abstraite et de la spéculation glacée. On est saisi dès l'abord par sa simplicité absolue, à laquelle jusqu'ici la Chine ne nous avait point préparés. Très vaste, très haut de plafond, très grandiose et d'un rouge uniforme de sang, il est magnifiquement vide et supérieurement calme. Colonnes rouges et murailles rouges, avec quelques discrets ornements d'or, voilés par le temps et la poussière. Au milieu, un bouquet de lotus géants dans un vase colossal, et c'est tout. Après la profusion, après la débauche d'idoles et de monstres, le pullulement de la forme humaine ou animale dans les habituelles pagodes chinoises, cette absence de toute figure cause un soulagement et un repos.

Dans des niches alignées contre les murs, des stèles, rouges comme ce lieu tout entier, sont consacrées à la mémoire de personnages plus éminents encore que ceux de la cour d'entrée, et portent des sentences qu'ils énoncèrent. Et la stèle de Confucius lui-même, plus grande que les autres, plus longuement inscrite, occupe la place d'honneur, au centre du panthéon sévère, posée comme sur un autel.

A proprement dire, ce n'est point un temple, puisqu'on n'y a jamais fait ni culte ni prière; une sorte d'académie plutôt, une salle de réunion et de froides causeries philosophiques. Malgré tant de poussière et d'apparent abandon, les nouveaux élus de l'Académie de Pékin (infiniment plus que la nôtre, conservatrice de formes et de rites, on m'accordera bien cela) sont tenus encore, paraît-il, d'y venir faire une retraite et tenir une conférence.

En plus des maximes de renoncement et de sagesse inscrites du haut en bas de sa stèle, Confucius a légué à ce sanctuaire quelques pensées sur la littérature, que l'on a gravées en lettres d'or, de manière à former çà et là des tableaux accrochés aux murailles.

Et en voici une que je transcris à l'intention de jeunes érudits d'occident, préoccupés surtout de classifications et d'enquêtes. Ils y trouveront une réponse vénérable et plus de deux fois millénaire à l'une de leurs questions favorites:

«La Littérature de l'avenir sera la littérature de la pitié.»

Il est près de cinq heures quand nous sortons de ces temples, de ces herbes et de ces ruines, et le triste soleil rose d'automne achève de décliner là-bas derrière l'immense Chine, du côté de l'Europe lointaine. Je me sépare alors de mes compagnons du jour, car ils habitent, eux, le quartier des Légations, dans le sud de la «Ville tartare», et moi, c'est dans la «Ville impériale», fort loin d'ici.

A travers les dédales et les solitudes de Pékin, j'ignore absolument le chemin à suivre pour sortir de ces lieux morts où nous venons de passer la journée et où jamais je n'étais venu. J'ai pour guide un «mafou» que l'on m'a prêté (en français: un piqueur). Et je sais seulement que je dois faire plus d'une lieue avant d'atteindre mon gîte somptueux et désolé.

Mes compagnons partis, je chemine un moment encore au milieu du silence des vieilles rues sans habitants pour arriver bientôt dans des avenues larges, qui paraissent sans fin, et où commencent à grouiller des robes de coton bleu et des faces jaunes à longue queue. De petites maisons toutes basses, toutes maussades et grises, s'en vont à l'interminable file de chaque côté des chaussées, où les pas des chevaux dans la terre friable et noire soulèvent d'infects nuages.

Si basses les maisons et si larges les avenues, que l'on a sur la tête presque toute l'étendue du ciel crépusculaire. Et, tant le froid augmente vite à la tombée du jour, il semble que, de minute en minute, tout se glace.

Parfois le grouillement est compact autour des boutiques où l'on vend à manger, dans la fétidité qu'exhalent les boucheries de viande de chien ou les rôtisseries de sauterelles. Mais quelle bonhomie, en somme, chez tous ces gens de la rue, qui, au lendemain des bombardements et des batailles, me laissent passer sans un regard de malveillance! Qu'est-ce que je ferais pourtant, avec mon «mafou» d'emprunt et mon revolver, si ma figure allait ne pas leur convenir?

Ensuite, on se retrouve isolés, pour un temps, parmi les décombres, au milieu de la désolation des quartiers détruits.

D'après l'orientation du couchant d'or pâle, je crois voir que la route suivie est bonne; si cependant il n'avait pas compris où j'ai l'intention de me rendre, mon mafou, comme il ne parle que chinois, je me trouverais fort au dépourvu.

Ce retour me paraît interminable, dans le froid du soir.

A la fin cependant voici là-bas, en silhouette déjà grise devant le ciel, la montagne factice des parcs impériaux, avec ses petits kiosques de faïence et ses vieux arbres tordus, qui se groupent et s'arrangent comme sur les laques, dans les paysages précieusement peints. Et voici la muraille rouge sang et l'une des portes d'émail jaune de la «Ville impériale», avec deux factionnaires de l'armée alliée qui me présentent les armes. Là, je me reconnais, je suis chez moi, et je congédie mon guide pour entrer seul dans cette «Ville jaune», de laquelle du reste, à cette heure-ci, on ne le laisserait plus sortir.

La «Ville impériale» ou «Ville jaune», ou «Ville interdite», murée de si terribles murs au milieu même de l'énorme Pékin aux enceintes babyloniennes, est bien plus un parc qu'une ville, un bois d'arbres séculaires—de l'espèce sombre des cyprès et des cèdres—qui peut avoir deux ou trois lieues de tour; quelques très anciens temples y émergent d'entre les branches, et aussi quelques palais récents dus aux fantaisies de l'Impératrice régente. Ce grand bois, où je pénètre ce soir comme chez moi, à aucune époque précédente de l'histoire n'avait été violé par les étrangers; les ambassadeurs eux-mêmes n'en passaient jamais les portes; jusqu'à ces derniers jours, il était demeuré inaccessible aux Européens et profondément inconnu.

Elle entoure, cette «Ville jaune», elle protège, derrière une zone de tranquillité et d'ombre, la plus mystérieuse encore «Ville violette», résidence des Fils du Ciel, qui y occupe, au centre, un carré dominateur, défendu par des fossés et de doubles remparts.

Et quel silence, ici, à cette heure! Quel lugubre désert que tout ce lieu! La mort plane à présent sur ces allées, qui jadis voyaient passer des princesses promenées dans des palanquins, des impératrices suivies de soyeux cortèges. Depuis que les hôtes habituels ont pris la fuite et que les «barbares d'Occident» occupent leur place, on ne rencontre plus personne dans le bois, si ce n'est, de loin en loin, une patrouille, un piquet de soldats d'une nation ou d'une autre. Et on n'y entend guère que le pas des sentinelles devant les palais ou les temples; ou bien, autour de quelque cadavre, le cri des corbeaux et le triste aboiement des chiens mangeurs de morts.

J'ai d'abord à traverser une région où il n'y a que des arbres, des arbres qui ont vraiment des tournures chinoises, et dont l'aspect suffirait à donner la notion et la petite angoisse de l'exil; la route s'en va là-dessous, inquiétante, soudainement assombrie par les vieilles ramures qui y font le crépuscule presque nocturne. Sur l'herbe rase, fanée par l'automne, sautillent des pies attardées. Sautillent aussi, dansent en rond noir avant de se coucher, des corbeaux dont les croassements s'amplifient et font peur au milieu du froid et du silence. Et là-bas, des chiens, dans une sorte de clairière où tombe un peu de lueur, traînent une longue chose qui a forme humaine. Après la déroute, les défenseurs de la «Ville jaune» sont venus mourir n'importe où dans le bois, et les moyens ont manqué pour les ramasser tous....

Au bout d'un quart d'heure, apparition de la «Ville violette», dont un angle surgit devant moi au détour du chemin. Elle se découvre lentement, toujours muette et fermée, bien entendu, comme un colossal tombeau. Ses longues murailles droites, au-dessus de ses fossés pleins d'herbages, vont se perdre dans les lointains confus et déjà obscurs. Le silence semble s'exagérer à son approche, comme si elle en condensait, comme si elle en couvait, du silence, dans son enceinte effroyable,—du silence et de la mort.

Un coin du «Lac des Lotus» commence maintenant de s'indiquer, comme un morceau de miroir clair, renversé parmi des roseaux pour recueillir les derniers reflets du ciel; je vais passer tout au bord, devant l'«Ile des Jades», où mène un pont de marbre,—et je sais d'avance, pour l'avoir journellement vue, la féroce grimace chinoise que me réservent les deux monstres gardiens de ce pont, depuis des siècles accroupis sur leur socle.

Je sors enfin de l'ombre et de l'oppression des arbres; le Lac des Lotus achève de se déployer devant moi, faisant de l'espace libre, en même temps qu'une grande étendue de ciel crépusculaire se dégage à nouveau sur ma tête. Les premières étoiles s'allument, au fond glacial du vide. Et c'est le commencement d'une de ces nuits que l'on passe ici, au milieu de cette région très particulière de Pékin, dans un excès d'isolement et de silence,—avec, de temps à autre, des coups de fusil au loin, traversant le calme tragique des palais et des arbres.

Il gèlera tout à l'heure; on la sent venir, la gelée, à l'âpreté de l'air qui cingle la figure.

Le lac jadis invisible, le Lac des Lotus qui doit être en effet, durant la saison des fleurs, le merveilleux champ de calices roses décrit par les poètes de la Chine, ne représente plus, en cette fin d'octobre, qu'un triste marécage, recouvert de feuilles roussies, et duquel monte à cette heure une buée hivernale comme un nuage qui traînerait sur les roseaux morts.

Ma demeure est de l'autre côté de ce lac, et j'arrive au grand Pont de Marbre qui le franchit d'une courbe superbe, d'une courbe encore toute blanche, malgré l'envahissement des obscurités grises ou noires.

En cet endroit, comme je m'y attendais, une senteur cadavérique s'élève tout à coup dans l'air glacé.—Et je connais depuis une semaine le personnage qui me l'envoie: en robe bleue, les bras étendus, couché le nez dans les vases de la rive et montrant sa nuque où le crâne s'ouvre. De même que je devine, dans le fouillis épeurant des herbes, son camarade qui, à dix pas plus loin, gît le ventre en l'air.

Une fois passé ce beau et solitaire Pont de Marbre, à travers le pâle nuage dont les eaux se sont enveloppées, je serai presque arrivé à mon logis. Il y aura d'abord à ma gauche un portail de faïence, gardé par deux sentinelles allemandes,—deux êtres vivants que je ne suis pas fâché de savoir bientôt sur ma route, et qui, s'ils y voient encore, me salueront de l'arme avec un ensemble automatique; ce sera l'entrée des jardins au fond desquels réside le feld-maréchal de Waldersee, dans un palais de l'Impératrice.

Et, deux cents mètres plus loin, après avoir traversé d'autres portails et des ruines, je rencontrerai une brèche fraîchement ouverte dans un vieux mur: ce sera mon entrée à moi, gardée par un soldat de chez nous, un chasseur d'Afrique. Un autre palais de l'Impératrice est là très caché par des enclos et se perdant un peu sous bois, un palais frêle, tout en découpures et en vitrages. Alors je pousserai une porte de verre, peinturlurée de lotus roses, et retrouverai la féerie de chaque soir: sous des arceaux d'ébène prodigieusement sculptés et sur des tapis jaunes, l'éclat des inappréciables porcelaines, des cloisonnés, des laques, et des soies impériales traversées de chimères d'or...

IX

Il est presque nuit close, quand je rentre au logis. Les grands brasiers de chaque soir sont allumés déjà dans les fours souterrains, et une douce chaleur commence de monter du sol, à travers l'épaisseur des tapis jaune d'or. On a maintenant des impressions de chez soi, de bien-être et de confortable dans ce palais qui nous avait fait le premier jour un accueil mortel.

Je dîne comme d'habitude à la petite table d'ébène un peu perdue dans la longue galerie aux fonds obscurs, en compagnie de mon camarade le capitaine C..., qui a découvert dans la journée de nouveaux bibelots merveilleux et les a fait momentanément placer ici pour en jouir au moins un soir.

C'est d'abord un nouveau trône, d'un style que nous ne connaissions pas; des écrans de taille colossale, qui posent sur des socles d'ébène et représentent des oiseaux étincelants livrant bataille à des singes, parmi des fleurs de rêve; des girandoles qui dormaient depuis le XVIIIe siècle dans leurs caisses capitonnées de soie jaune, et qui maintenant descendent de nos arceaux ajourés, retombent en pluie de perles et d'émail au-dessus de nos têtes,—et tant d'autres indescriptibles choses, ajoutées depuis aujourd'hui à la profusion de nos richesses d'art lointain.

Mais c'est la dernière fois que nous jouissons de notre galerie dans son intégrité et sa profondeur; demain il va falloir d'abord renvoyer et étiqueter parmi les réserves la plupart de ces objets qui amusaient nos yeux, et puis tout en réservant un salon convenable pour le général, qui doit hiverner ici, faire couper, en plusieurs places, cette aile de palais par des cloisons légères, y préparer des logements et des bureaux pour l'état-major.—Et ce sera la besogne du capitaine C..., qui est ici improvisé architecte et intendant suprême, tandis que je reste, moi, l'hôte de passage, ayant voix consultative seulement.

Donc, ce soir, c'est le dernier tableau et l'apogée de notre petite fantasmagorie impériale, aussi allons-nous prolonger la veillée plus que de coutume. Et, ayant eu pour une fois l'enfantillage de revêtir les somptueuses robes asiatiques, nous nous étendons sur des coussins dorés, appelant à notre aide l'opium, très favorable aux imaginations un peu lasses et blasées, ainsi que les nôtres ont malheureusement commencé d'être... Hélas! combien notre solitude dans ce palais nous eût semblé magique, sans le secours d'aucun avatar, quelques années plus tôt!...

C'est un opium exquis, il va sans dire, dont la fumée, tournant en petites spirales rapides, a tout de suite fait d'alourdir l'air en l'embaumant. Par degrés, il nous apportera l'extase chinoise, l'oubli, l'allègement, l'impondérabilité, la jeunesse.

Absolu silence au dehors, car le poste des soldats—d'ailleurs endormis—est fort loin de nous; absolu silence, cours désertes où il gèle, et nuit noire. La galerie, dont les extrémités se perdent dans l'imprécision obscure, devient de plus en plus tiède; la chaleur des fours souterrains s'y appesantit, entre ces parois de vitres et de papier collé qui seraient si frêles pour nous garantir des surprises de l'extérieur, mais qui font les salles si hermétiquement closes et propices à l'intoxication par les parfums.

Étendus très mollement sur des épaisseurs soyeuses, nous regardons fuir le plafond, l'enfilade des arceaux de bois précieux sculptés en dentelles, d'où retombent les lanternes ruisselantes de perles. Des chimères d'or brillent discrètement çà et là sur des soies jaunes et vertes aux replis lourds. Les hauts paravents, les hauts écrans de cloisonné, de laque ou d'ébène, qui sont le grand luxe de la Chine, font partout des recoins, des cachettes de luxe et de mystère, peuplés de potiches, de bronzes, de monstres aux yeux de jade qui observent en louchant...

Absolu silence. Mais, dans le lointain, par intervalles, quelqu'un de ces coups de feu qui ne manquent jamais de ponctuer ici la torpeur nocturne, ou bien un cri d'alarme, un cri de détresse: escarmouches entre postes européens et rôdeurs chinois; sentinelles, effarées par les cadavres et par la nuit, qui tirent peut-être sur des ombres.

Aux premiers plans qu'éclaire notre lampe, les seules choses très lumineuses, dont le dessin et les couleurs se gravent, comme par obsession, dans nos yeux maintenant immobilisés, sont quatre brûle-parfums géants, de forme hiératique, en cloisonné adorablement bleu, qui posent sur des éléphants d'or. Ils se détachent, précis, en avant de panneaux en laque noire, semés d'une envolée de longues ailes blanches, traversés d'une fuite éperdue de grands oiseaux dont chaque plume est faite d'une nacre différente. Sans doute notre lampe faiblit, car, en dehors de ces choses proches, la magnificence du lieu ne se voit presque plus, s'indique plutôt à notre souvenir—par la silhouette rare de quelque vase de cinq cents ans, par le reflet de quelque inimitable soierie, ou l'éclat d'un émail...

Très tard la fumée de l'opium nous tient en éveil, dans un état lucide et confus à la fois. Et nous n'avions jamais à ce point compris l'art chinois; c'est vraiment ce soir, dirait-on, qu'il nous est révélé. D'abord, nous en ignorions, comme tout le monde, la grandeur presque terrible, avant d'avoir connu cette «Ville impériale», avant d'avoir aperçu le palais muré des Fils du Ciel; et, à cette heure nocturne, dans la galerie surchauffée, au milieu de la fumée odorante épandue en nuage, l'impression qui nous reste des grands temples sombres, des grandes toitures d'émail jaune couronnant l'énormité titanesque des terrasses de marbre, s'exalte jusqu'à de l'admiration subjuguée, jusqu'à du respect et de l'effroi...

Et puis, même dans les mille détails des broderies, des ciselures, dont la profusion ici nous entoure, combien cet art est habile et juste, qui, pour rendre la grâce des fleurs, en exagère ainsi les poses languissantes ou superbes, le coloris violent ou délicieusement pâle, et qui, pour attester la férocité des êtres quels qu'ils soient, voire des moindres papillons ou libellules, leur fait à tous des griffes, des cornes, des rictus affreux et de gros yeux louches!... Elles ont raison, les broderies de nos coussins: c'est cela, les roses, les lotus, les chrysanthèmes! Et, quant aux insectes, scarabées, mouches ou phalènes, ils sont bien tels que ces horribles petites bêtes peintes en reliefs d'or sur nos éventails de cour...

Dans un anéantissement physique très particulier, qui laisse se libérer l'esprit (à Bénarès, peut-être dirait-on: se dégager le corps astral), tout nous paraît facile, amusant, dans ce palais, et ailleurs dans le monde entier. Nous nous félicitons d'être venus habiter la «Ville jaune» à un instant unique de l'histoire de la Chine, à un instant où tout est ouvert et où nous sommes encore presque seuls, libres dans nos fantaisies et nos curiosités. La vie nous semble avoir des lendemains remplis de circonstances intéressantes, et même nouvelles. En causant, nous trouvons des suites de mots, des formules, des images rendant enfin l'inexprimable, l'en-dessous des choses, ce qui n'avait jamais pu être dit. Les désespérances, les grandes angoisses que l'on traînait partout comme le boulet des bagnes, sont incontestablement atténuées.

Quant aux petits ennuis de la minute présente, aux petits agacements, ils n'existent plus... Par exemple, à travers les glaces de la galerie, quand nous apercevons, dans le lointain du palais de verre, un pâle fanal de mauvais aloi qui se promène, nous disons, sans que cela nous agite aucunement:

—Tiens! encore les voleurs! Ils doivent pourtant nous voir. Demain il faudra songer à refaire une battue!

Et nous jugeons indifférent, confortable même, que des vitres seules séparent nos coussins, nos soies impériales, du froid, de l'horreur,—des entours où les cadavres, à cette heure tardive, se recouvrent de gelée blanche, dans les ruines.

X

Jeudi 25 octobre.

En compagnie du chat, j'ai travaillé tout le jour dans la solitude de mon palais de la Rotonde que j'avais déserté hier.

A l'heure où le soleil rouge du soir s'enfonce derrière le Lac des Lotus, mes deux serviteurs, comme d'habitude, viennent me chercher. Mais, le Pont de Marbre franchi, nous passons cette fois sans nous arrêter devant la brèche qui mène à mon fragile palais du Nord. Nous avons à sortir de nos quartiers, à travers la poussière et les ruines, car je dois faire visite à monseigneur Favier, évêque de Pékin,—qui habite dans notre voisinage, en dehors, mais tout près de la «Ville impériale».

C'est déjà le crépuscule quand nous entrons dans la «Concession catholique», où les missionnaires et leur pauvre troupeau jaune viennent de subir les détresses d'un long siège. Et la cathédrale, criblée de mitraille, nous apparaît vague, dans un ciel éteint, si poussiéreux qu'on le croirait voilé de brume,—la cathédrale nouvellement bâtie, celle dont l'Impératrice accorda la construction, en remplacement de l'ancienne dont elle fit son garde-meuble.

Monseigneur Favier, chef des missions françaises, habitant Pékin depuis quarante années, ayant longtemps joui de la faveur des souverains, avait été le premier à prévoir et à dénoncer le péril boxer. Malgré l'effondrement momentané de son oeuvre, il est encore une puissance en Chine, où un décret impérial lui a jadis conféré le rang de vice-roi.

La salle où il me reçoit, aux murs blancs, avec un trou d'obus récemment bouché, contient de précieux bibelots chinois, dont la présence dans ce presbytère étonne tout d'abord. Il les collectionnait autrefois, et il les revend aujourd'hui pour pouvoir secourir les quelques milliers d'affamés que la guerre vient de laisser dans son église.

L'évêque est un homme de haute taille, de beau visage régulier, avec des yeux de finesse et d'énergie. Ils devaient lui ressembler, par l'allure aussi bien que par l'opiniâtre volonté, ces évêques du moyen âge qui suivaient les croisades en Terre sainte. C'est seulement depuis le début des hostilités contre les chrétiens qu'il a repris la soutane des prêtres français et coupé sa longue tresse à la chinoise. (On sait que le port de la queue et du costume mandarin était une des plus énormes et subversives faveurs accordées aux Lazaristes par les empereurs Célestes.)

Il veut bien me retenir une heure auprès de lui et, tandis qu'un Chinois soyeux nous sert le thé, il me redit la grande tragédie qui vient de finir ici même; cette défense de quatorze cents mètres de murs, organisée avec rien par un jeune enseigne et trente matelots; cette résistance de plus de deux mois contre des milliers de tortionnaires qui déliraient de fureur, au milieu de l'énorme ville en feu. Bien qu'il conte tout cela à voix très basse, dans la salle blanche un peu religieuse, sa parole devient de plus en plus chaude, vibrante en sourdine, avec une certaine rudesse de soldat, et, de temps à autre, une émotion qui lui étrangle la gorge,—surtout lorsqu'il est question de l'enseigne Henry.

L'enseigne Henry, qui mourut traversé de deux balles, sur la fin du dernier grand combat! Ses trente matelots, qui eurent tant de tués et qui furent blessés presque tous!... Il faudrait graver quelque part en lettres d'or leur histoire d'un été, de peur qu'on ne l'oublie trop vite, et la faire certifier telle, parce que bientôt on n'y croirait plus.

Et ces matelots-là, commandés par leur officier tout jeune, on ne les avait pas choisis; ils étaient les premiers venus, pris en hâte et au hasard à bord de nos navires. Quelques prêtres admirables partageaient leurs veilles, quelques braves séminaristes faisaient le coup de feu sous leurs ordres, et aussi une horde de Chinois armés de vieux fusils pitoyables. Mais c'était eux l'âme de la défense obstinée, et, devant la mort, qui était tout le temps présente dans la diversité de ses formes les plus atroces, pas un n'a faibli ni murmuré.

Un officier et dix matelots italiens, que le sort avait jetés là, s'étaient jusqu'à la fin battus héroïquement aussi, laissant six des leurs parmi les morts.

Oh! l'héroïsme enfin, le plus humble héroïsme de ces pauvres chrétiens chinois, catholiques ou protestants, réfugiés pêle-mêle à l'évêché, qui savaient qu'un seul mot d'abjuration, qu'une seule révérence à une image bouddhique leur garantirait la vie, mais qui restaient là tout de même, fidèles, malgré la faim torturante aux entrailles et le martyre presque certain! En même temps, du reste, en dehors de ces murs qui les protégeaient un peu, quinze mille environ de leurs frères étaient brûlés, dépecés vifs, jetés en morceaux dans le fleuve, pour la nouvelle foi qu'ils ne voulaient point renier.

Il se passait des choses inouïes, pendant ce siège: un évêque[2], la tête éraflée par les balles, allait, suivi d'un enseigne de vaisseau et de quatre marins, arracher un canon à l'ennemi; des séminaristes fabriquaient de la poudre, avec les branches carbonisées des arbres de leur préau et avec du salpêtre qu'ils dérobaient la nuit, en escaladant les murs, dans un arsenal chinois.

[Note 2: Monseigneur Jarlin, coadjuteur de monseigneur Favier.]

On vivait dans un continuel fracas, dans un continuel éclaboussement de pierres ou de mitraille; tous les clochetons en marbre de la cathédrale, criblés d'obus, chancelaient, tombaient par morceaux sur les têtes. A toute heure sans trêve, les boulets pleuvaient dans les cours, enfonçaient les toits, crevaient les murs. Mais c'était la nuit surtout que les balles s'abattaient comme grêle, et qu'on entendait sonner les trompes des Boxers ou battre les affreux gongs. Et leurs cris de mort, tout le temps, à plein gosier: Cha! cha! (Tuons! tuons!), ou: Chao! chao! (Brûlons! brûlons!), emplissaient la ville comme la clameur d'ensemble d'une immense meute en chasse.

On était en juillet, en août, sous un ciel étouffant,—et on vivait dans le feu: des incendiaires arrosaient de pétrole les portes ou les toits avec des jets de pompe, et lançaient dessus des étoupes allumées; il fallait, d'un côté ou d'un autre, courir, apporter des échelles, grimper avec des couvertures mouillées pour étouffer ces flammes. Courir, il fallait tout le temps courir, quand on était si épuisé, avec la tête si lourde, les jambes si faibles, de n'avoir pas mangé à sa faim.

Courir!... Il y avait une sorte de course lamentable, que les bonnes Soeurs avaient charge d'organiser, celle des femmes et des petits enfants, hébétés par la souffrance et la peur. C'étaient elles, les sublimes filles, qui décidaient quand il y avait lieu de changer de place suivant la direction des obus, et qui choisissaient la minute la moins dangereuse pour prendre son élan, traverser une cour tête baissée, aller s'abriter autre part. Un millier de femmes, maintenant sans volonté et sans idées, ayant au cou de pauvres bébés mourants, les suivaient alors comme un remous humain, avançaient ou reculaient, se poussant pour ne pas perdre de vue les blanches cornettes protectrices...

Courir, quand on ne tenait plus debout faute de vivres, et qu'une lassitude suprême vous poussait à vous coucher par terre pour attendre de mourir! Les détonations qui ne cessaient pas, le perpétuel bruit, la mitraille, la dégringolade des pierres, on s'habituait encore à cela, et à voir à chaque instant quelqu'un s'affaisser dans son sang. Mais la faim était un mal plus intolérable que tout. On faisait des bouillies avec les feuilles et les jeunes pousses des arbres, avec les racines des dahlias du jardin et les oignons des lis. De pauvres Chinois venaient humblement dire:

—Il faut garder le peu qui reste de millet pour les matelots qui nous défendent et qui ont plus besoin de force que nous.

L'évêque voyait se traîner à ses pieds une femme accouchée de la veille, qui suppliait:

—Évêque! évêque! fais-moi donner seulement une poignée de grain, pour qu'il me vienne du lait et que mon petit ne meure pas!

On entendait toute la nuit dans l'église les petites voix de deux ou trois cents enfants qui gémissaient pour avoir à manger. Suivant l'expression de monseigneur Favier, c'étaient comme les bêlements d'une troupe d'agnelets destinés au sacrifice. Leurs cris d'ailleurs allaient en diminuant, car on en enterrait une quinzaine par jour.

On savait que non loin de là, aux légations européennes, un drame pareil devait se jouer, mais, il va sans dire, toute communication était coupée, et quand quelque jeune chrétien chinois se dévouait pour essayer d'aller y porter un mot de l'évêque, demandant des secours ou au moins des nouvelles, on voyait bientôt sa tête, avec le billet épinglé à la joue, reparaître au-dessus du mur, au bout d'une perche enguirlandée de ses entrailles.

Tout était plein de sang, de cervelle jaillie des crânes brisés. Non seulement des boulets tombaient par centaines chaque jour, mais les Boxers dans leurs canons mettaient aussi des cailloux, des briques, des morceaux de fer, des cassons de marmite, ce qui tombait sous leurs mains forcenées. On n'avait pas de médecins, on pansait comme on pouvait, et sans espoir, les grandes blessures horribles, les grands trous dans les poitrines. Les bras des fossoyeurs volontaires s'épuisaient à creuser le sol pour enfouir des morts ou des débris de morts. Et toujours les cris de la meute enragée: Cha! cha! (Tuons! tuons!), et toujours les gongs avec leur bruit de sinistre ferraille, et toujours le beuglement des trompes...

Des mines sautaient de différents côtés, engloutissant du monde et des pans de mur. Dans le gouffre que fit l'une d'elles, disparurent les cinquante petits bébés de la crèche, dont les souffrances au moins furent finies. Et, chaque fois, c'était une nouvelle grande brèche ouverte pour les Boxers qui se précipitaient, c'était une entrée béante pour la torture et la mort...

Mais l'enseigne Henry accourait là toujours; avec ce qui lui restait de matelots, on le voyait surgir à la place qu'il fallait, au point précis d'où l'on pouvait tirer le mieux, sur un toit, sur une crête de muraille,—et ils tuaient, ils tuaient, sans perdre une balle de leurs fusils rapides, chaque coup donnant la mort. Par terre, ils en couchaient cinquante, cent, en monceaux, et fiévreusement les prêtres, les Chinois, les Chinoises apportaient des pierres, des briques, des marbres de la cathédrale, n'importe quoi, avec du mortier tout prêt, et on refermait la brèche, et on était sauvés encore jusqu'à la mine prochaine!

Mais on n'en pouvait plus; la maigre ration de bouillie diminuait trop, on n'avait plus de force...

Ces cadavres de Boxers, qui s'entassaient tout le long du vaste pourtour désespérément défendu, emplissaient l'air d'une odeur de peste; ils attiraient les chiens qui, dans les moments d'accalmie, s'assemblaient pour leur manger le ventre; alors, les derniers temps, on tuait ces chiens du haut du mur, on les pêchait avec un croc au bout d'une corde,—et c'était une viande réservée aux malades et aux mères qui allaitaient.

Le jour enfin où nos soldats entrèrent dans la place, guidés par l'évêque à cheveux blancs qui, debout sur le mur, agitait le drapeau français, le jour où l'on se jeta dans les bras les uns des autres avec des larmes de joie,—il restait tout juste de quoi faire, en y mettant beaucoup de feuilles d'arbres, un seul et dernier repas.

—Il semblait, dit monseigneur Favier, que la Providence eût compté nos grains de riz!

Et puis il me reparle encore de l'enseigne Henry:

—La seule fois, dit-il, pendant tout le siège, la seule fois que nous ayons pleuré, c'est à l'instant de sa mort. Il était resté debout longtemps, avec ses deux blessures mortelles, commandant toujours, rectifiant le tir de ses hommes. A la fin du combat, il est descendu lentement de la brèche, et il est venu s'affaisser entre les bras de deux de nos prêtres; alors nous pleurions tous et, avec nous, tous ses matelots qui s'étaient approchés et qui l'entouraient.—C'est qu'aussi il était charmant, simple, bon, doux avec les plus petits... Être un soldat pareil, et se faire aimer comme un enfant, n'est-ce pas, il n'y a rien de plus beau?

Et il ajoute, après un silence:

—Il avait la foi, celui-là! Chaque matin, il venait prier ou communier au milieu de nous, disant avec un sourire:

«Il faut se tenir prêt.»

Il est nuit noire quand je sors de chez l'évêque, auquel je ne pensais faire qu'une courte visite. Autour de chez lui, bien entendu, tout est désolation, éboulements, décombres; rien n'a plus forme de maisons, et on ne retrouve plus trace de rues. Je m'en vais, avec mes deux serviteurs, nos revolvers et notre petit fanal; je m'en vais songeant à l'enseigne Henry, à sa gloire, à sa délivrance, à tout autre chose qu'à l'insignifiant détail du chemin à suivre dans ces ruines... D'ailleurs, c'est si près: un kilomètre à peine...

Une bourrasque de vent de Mongolie, qui éteint notre chandelle dans sa gaine de papier, nous enveloppe de tant de poussière qu'on ne voit plus à deux pas devant soi, comme en pleine brume. Et, n'étant jamais venus dans ce quartier, nous voilà égarés, au milieu des obstacles et des trous, trébuchant sur des pierres, sur des débris, des cassons de poterie ou des cassons de crâne.

A peine les étoiles pour nous guider, tant cette poussière fait nuage, et vraiment nous ne savons plus...

103

Une odeur de cadavre tout à coup... Ah! c'est notre découverte d'hier matin, la tranchée des scalpés! Nous la reconnaissons à certaines pierres du bord, juste avant de tomber dedans. Alors tout est bien, la direction était bonne; encore deux cents mètres et nous trouverons notre palais de verre, nous serons chez nous...

XI

Vendredi 26 octobre.

Parti presque en retard de mon palais du Nord, je me hâte vers le rendez-vous que Li-Hung-Chang a bien voulu me donner pour neuf heures du matin.

Un chasseur d'Afrique m'accompagne. Nous suivons un piqueur chinois envoyé pour nous conduire. Et c'est d'abord un temps de trot accéléré, sous le rayonnement blanc du soleil, à travers du silence et de la poussière, le long des grandes murailles muettes et des fossés en marécage du palais des Empereurs.

Ensuite, au sortir de la «Ville jaune», commence la vie et commence le bruit. Après cette magnifique solitude, où l'on s'est déjà habitué à demeurer, chaque fois que l'on rentre dans le Pékin de tout le monde, c'est presque une surprise de retrouver le grouillement de la Chine et ses humbles foules: on n'arrive pas à se figurer que ces bois, ces lacs, ces horizons qui jouent la vraie campagne, sont choses factices, englobées de toutes parts dans la plus fourmillante des villes.

Il est incontestable que les gens reviennent en masse à Pékin. (Au dire de monseigneur Favier, il y reviendrait surtout des Boxers, sous tous les costumes et sous toutes les formes.) D'un jour à l'autre augmente le nombre des robes en soie; des robes en coton bleu, des yeux de travers et des queues.

Il faut allonger le trot quand même, au milieu de tout ce monde, car nous sommes encore loin, paraît-il, et l'heure passe. Notre piqueur à présent semble galoper; ce n'est plus lui que nous voyons; dans ces rues plus poudreuses encore que les chemins de la «Ville jaune»; c'est seulement l'envolée de poussière noire dont il s'enveloppe avec son petit cheval mongol,—et nous suivons ce nuage.

Au bout d'une demi-heure de course rapide, dans une triste ruelle sans vue, devant une vieille maison délabrée, le nuage enfin s'arrête... Est-ce possible qu'il demeure là, ce Li-Hung-Chang, riche comme Aladin, possesseur de palais et de merveilles, qui fut un des favoris les plus durables de l'Impératrice, et une des gloires de la Chine?....

Pour je ne sais quelles raisons, sans doute complexes, un poste de soldats cosaques garde cette entrée: uniformes sordides et naïves figures roses. La salle où l'on m'introduit, au fond d'une cour, est en décrépitude et en désarroi; au milieu, une table et deux ou trois fauteuils d'ébène sculptés un peu finement, mais c'est tout. Dans les fonds, un chaos de malles, de valises, de paquets, de couvertures enroulées; on dirait les préparatifs d'une fuite. Le Chinois qui est venu me recevoir au seuil de la rue, en belle robe de soie prune, me fait asseoir et m'offre du thé; c'est l'interprète de céans; il parle français d'une façon correcte, même élégante: on est allé, me dit-il, m'annoncer à Son Altesse.

Sur un signe d'un autre Chinois, il m'emmène bientôt dans une seconde cour, et là m'apparaît, à la porte d'une salle de réception, un grand vieillard qui s'avance à ma rencontre. De droite et de gauche il s'appuie sur les épaules de serviteurs en robe de soie qu'il dépasse de toute la tête. Il est colossal, les pommettes saillantes sous de petits yeux, de tout petits yeux vifs et scrutateurs; l'exagération du type mongol, avec une certaine beauté quand même et l'air grand seigneur, bien que sa robe fourrée, de nuance indécise, laisse voir les taches et l'usure. (On m'en avait prévenu d'ailleurs: Son Altesse, en ces jours d'abomination, croit devoir affecter d'être pauvre).

La grande salle décrépite où il me reçoit est, comme la première, encombrée de malles et de paquets ficelés. Nous prenons place dans des fauteuils, l'un devant l'autre, une table entre nous deux, sur laquelle des serviteurs posent des cigarettes, du thé, du champagne. Et nous nous dévisageons d'abord comme deux êtres qu'un monde sépare.

Après m'avoir demandé mon âge et le chiffre de mes revenus (ce qui est une formule de politesse chinoise), il salue de nouveau et la conversation commence...

Quand nous avons fini de causer des questions brûlantes du jour, Li-Hung-Chang s'apitoie sur la Chine, sur les ruines de Pékin.

—Ayant visité toute l'Europe, dit-il, j'ai vu les musées de toutes vos capitales. Pékin avait le sien aussi, car la «Ville jaune» tout entière était un musée, commencé depuis des siècles, que l'on pouvait comparer aux plus beaux d'entre les vôtres... Et maintenant, il est détruit...

Il m'interroge ensuite sur ce que nous faisons dans notre palais du Nord, s'informe, avec des ménagements aimables, si nous n'y commettons pas de dégâts.

Ce que nous faisons, il le sait aussi bien que moi, ayant des espions partout, même parmi nos portefaix; son énigmatique figure cependant simule une satisfaction quand je lui confirme que nous ne détruisons rien.

L'audience finie, les poignées de main échangées, Li-Hung-Chang, toujours appuyé sur les deux serviteurs qu'il domine de sa haute taille, vient me reconduire jusqu'au milieu de la cour. Et quand je me retourne sur le seuil pour lui adresser le salut final, il rappelle courtoisement à ma mémoire l'offre que je lui ai faite de lui envoyer le récit de mon voyage à Pékin—si jamais je trouve le temps de l'écrire. Malgré la grâce parfaite de l'accueil, due surtout à mon titre de mandarin de lettres, ce vieux prince des «Mille et une Nuits» chinoises, en habits râpés, dans un cadre de misère, n'a cessé de me paraître inquiétant, masqué, insaisissable et peut-être sourdement dédaigneux ou ironique.

A travers deux kilomètres de ruines et de décombres, je me dirige à présent vers le quartier des légations européennes, afin de prendre congé de notre ministre de France, encore malade et alité, et de lui demander ses commissions pour l'amiral;—car, je dois, après-demain au plus tard, quitter Pékin, m'en retourner à bord.

Et cette visite terminée, au moment où je remonte à cheval pour rentrer dans la «Ville jaune», quelqu'un de la légation vient très gentiment me donner une indication précise, tout à fait singulière, qui me permettra sans doute de dérober ce soir deux petits souliers de l'Impératrice de Chine et de les emporter comme part de pillage. En effet, dans une île ombreuse de la partie sud du Lac des Lotus est un frêle palais, presque caché, où la souveraine avait dormi sa dernière nuit d'angoisse, avant sa fuite affolée en charrette comme une pauvresse. Or, la deuxième chambre à gauche, au fond de la deuxième cour de ce palais était la sienne. Et là, paraît-il, sous un lit sculpté, sont restés par terre deux petits souliers en soie rouge, brodés de papillons et de fleurs, qui n'ont pu appartenir qu'à elle.

Je m'en reviens donc grand train dans la «Ville jaune». Je déjeune en hâte dans notre galerie vitrée—d'où les bibelots merveilleux ont déjà commencé, hélas! de s'en aller au nouveau garde-meuble, afin de permettre aux charpentiers de commencer leur oeuvre d'appropriation. Et vite je m'en vais, à pied cette fois, avec mes deux fidèles serviteurs, à la recherche de cette île, de ce palais et de ces petits souliers.

Le soleil d'une heure est brûlant sur les sentiers desséchés, sur les vieux cèdres tout gris de poussière.

A deux kilomètres environ, au sud de notre résidence, nous trouvons l'île sans peine; elle est dans une région où le lac se divise en différents petits bras, que traversent des ponts de marbre, que bordent des balustres de marbre enguirlandés de verdure. Et le palais est là, caché à demi dans les arbres, charmant et frêle, posé sur une terrasse de marbre blanc. Ses toits de faïence verte rehaussés d'or, ses murs à jour, peints et dorés, brillent d'un éclat de choses précieuses et toutes neuves, parmi le vert poussiéreux des cèdres centenaires. Il était une petite merveille de grâce et de mignardise, et il est adorable ainsi, dans cet abandon et ce silence.

Par les portes ouvertes sur les marches si blanches qui y montent, de gentils débris de toutes sortes dévalent en cascade: cassons de porcelaines impériales, cassons de laques d'or, petits dragons de bronze tombés les pattes en l'air, lambeaux de soies roses et grappes de fleurs artificielles. Les barbares ont passé par là, mais lesquels? Pas les Français assurément, pas nos soldats, car jamais cette partie de la «Ville jaune» ne leur a été confiée, jamais ils n'y sont venus.

Dans les cours intérieures, d'où s'envole à notre approche une nuée de corbeaux, même désastre: le sol est jonché de pauvres objets élégants et délicats, un peu féminins, que l'on a détruits à plaisir. Et, comme c'est un massacre tout récent, les étoffes légères, les fleurs en soie, les lambeaux de parures n'ont même pas perdu leur fraîcheur.

«Au fond de la deuxième cour, la deuxième chambrer à gauche!...» Voici... Il y reste un trône, des fauteuils, un grand lit très bas, sculpté par la main des génies. Mais tout est saccagé. A coups de crosse sans doute, on a brisé les glaces sans tain à travers lesquelles la souveraine pouvait contempler les miroitements du lac et la floraison rose des lotus, les ponts de marbre, les îlots, tout le paysage imaginé et réalisé pour ses yeux; et on a mis en pièces une soie blanche très fine, tendue aux murs, sur laquelle une artiste exquis avait jeté au pinceau, en teintes pâles, d'autres lotus beaucoup plus grands que nature, mais languissants, courbés par quelque vent d'automne, et à demi effeuillés, semant leurs pétales...

Sous ce lit, où je regarde tout de suite, traînent des amas de papiers manuscrits, des soies, des loques charmantes. Et mes deux serviteurs, qui fourragent là dedans avec des bâtons, comme des chiffonniers, ont bientôt fait de ramener ce que je cherchais: l'un après l'autre, les deux petits souliers rouges, étonnants et comiques!

Ce ne sont pas de ces ridicules souliers de poupée, pour dame chinoise aux orteils contrefaits; l'Impératrice, étant une princesse tartare, ne s'était point déformé les pieds, qu'elle semble avoir, du reste, très petits par nature. Non, ce sont des mules brodées, de tournure très normale; mais leur extravagance est seulement dans les talons, qui ont bien trente centimètres de haut, qui prennent sous toute la semelle, qui s'élargissent par le bas comme des socles de statue: sans quoi l'on tomberait, qui sont des blocs de cuir blanc tout à fait invraisemblables.

Je ne me représentais pas que des souliers de femme pouvaient faire tant de volume. Et comment les emporter, à présent, pour n'avoir pas l'air de pillards aux yeux des factionnaires ou des patrouilles que nous risquons de trouver en chemin?

Osman imagine alors de les suspendre par des ficelles à la ceinture de Renaud, sous sa longue capote d'hiver aux pans dissimulateurs. Et c'est admirable comme escamotage; en marche même—car nous le faisons marcher pour être plus sûrs,—on ne devinerait rien... Je ne me sens d'ailleurs aucun remords et je me figure que si elle pouvait, de si loin, voir la scène, l'encore belle Impératrice, elle serait la première à en sourire...

Sous le brûlant soleil, à l'ombre rare des vieux cèdres poudreux, retournons maintenant bon pas à mon palais de la Rotonde, où j'aurai à peine deux heures lumineuses et tièdes, dans mon kiosque vitré, pour travailler avant la tombée du froid et de la nuit.

Je suis charmé, chaque fois que je remonte dans ce palais, de retrouver le silence sonore de ma haute esplanade qu'entoure le faîte crénelé des remparts; esplanade artificielle, d'où l'on domine de partout des paysages artificiels, mais immenses et séculaires,—et surtout interdits, interdits depuis qu'ils existent, et jamais vus jusqu'à ces jours par des yeux d'Européens.

Tout est tellement chinois ici qu'on y est pour ainsi dire au coeur même du pays jaune, dans une Chine quintessenciée et exclusive. Ces jardins suspendus étaient un lieu de choix pour les rêveries ultra-chinoises d'une intransigeante Impératrice, qui rêva peut-être de refermer, comme dans les vieux temps, son pays au reste du monde, et qui voit aujourd'hui crouler à ses pieds son empire, vermoulu de toutes parts autant que ses myriades de temples et ses myriades de dieux en bois doré...

L'heure magique, ici, est celle où l'énorme boule rouge qu'est le soleil chinois des soirs d'automne éclaire avant de mourir les toits de la «Ville violette». Et je sors chaque fois de mon kiosque à cette heure-là pour revoir encore ces aspects uniques au monde.

Comparée à ceci, quelle laideur barbare offre la vue à vol d'oiseau d'une de nos villes d'Europe: amas quelconque de pignons difformes, de tuiles grossières; toits sales plantés de cheminées et de tuyaux de poêle, avec en plus l'horreur des fils électriques entre-croisés en réseau noir! En Chine, où l'on dédaigne assurément trop le pavage et la voirie, par contre tout ce qui s'élève un peu haut dans l'air—domaine des Esprits protecteurs au vol incessant—est toujours impeccable. Et cet immense repaire des empereurs, aujourd'hui vide et mort, étale pour moi seul, en cet instant du soir, le luxe prodigieux de ses toitures d'émail.

Malgré leur vieillesse, elles étincellent encore sous ce soleil rougissant, les pyramides de faïence jaune aux contours arqués avec une grâce qui nous est inconnue; à tous les angles de leurs sommets, des ornements simulent de grandes ailes, et puis en bas, vers les bords, viennent les rangées de monstres, dans ces mêmes poses qui se recopient de siècle en siècle, qui sont consacrées et immuables.

Elles étincellent, les pyramides de faïence jaune. Jusque dans le lointain, sur le bleu cendré du ciel où flotte l'éternelle poussière, on dirait une ville en or,—et ensuite une ville de cuivre rouge, à mesure que le soleil s'en va...

Et le silence d'abord de toutes ces choses, et puis cet ensemble de croassements qui s'élève de partout à l'instant du coucher des corbeaux, et ce froid de mort qui soudainement tombe en suaire sur cette magnificence de l'émail, dès que le soleil s'éteint....

Ce soir, comme avant-hier, en quittant le palais de la Rotonde, nous passons sans nous arrêter devant notre palais du Nord pour aller chez monseigneur Favier.

Il me reçoit dans la même salle blanche, où des valises, des sacs de voyage sont posés çà et là sur les meubles. L'évêque part demain pour l'Europe, qu'il n'a pas vue depuis douze ans. Il s'en va à Rome, auprès du Pape, et puis en France, chercher de l'argent pour ses missions en détresse. Sa grande oeuvre de quarante années est anéantie; quinze mille de ses chrétiens, massacrés; ses églises, ses chapelles, ses hôpitaux, ses écoles, tout est détruit, rasé jusqu'au sol, et on a violé ses cimetières. Cependant, il veut tout recommencer encore, il ne désespère de rien.

Et quand il vient me reconduire à travers son jardin déjà obscur, j'admire la belle énergie avec laquelle il me dit, montrant sa cathédrale trouée d'obus, qui est la seule restée debout et qui se profile tristement sur le ciel de nuit avec sa croix brisée:

—Toutes les églises qu'ils m'ont jetées par terre, je les reconstruirai plus grandes et plus hautes! Et je veux que chaque manoeuvre de haine et de violence contre nous amène au contraire un pas en avant du christianisme dans leur pays. Ils me les démoliront peut-être encore mes églises, qui sait? Eh bien! je les rebâtirai une fois de plus, et nous verrons, d'eux ou de moi, qui se lassera le premier!...

Alors il m'apparaît très grand dans son opiniâtreté et sa foi, et je comprends que la Chine devra compter avec cet apôtre d'avant-garde.

XII

Samedi 27 octobre.

J'ai voulu, avant de m'en aller, revoir la «Ville violette» les salles de trône et y entrer, non plus cette fois par les détours cachés et les poternes sournoises, mais par les avenues d'honneur et les grandes portes pendant des siècles fermées,—pour essayer d'imaginer un peu sous le délabrement d'aujourd'hui, ce que devait être, au temps passé, la splendeur des arrivées de souverains.

Aucune de nos capitales d'Occident n'a été conçue, tracée avec tant d'unité et d'audace, dans la pensée dominante d'exalter la magnificence des cortèges, surtout de préparer l'effet terrible d'une apparition d'empereur. Le trône, ici, c'était le centre de tout; cette ville, régulière comme une figure de géométrie, n'avait été créée, dirait-on, que pour enfermer, pour glorifier le trône de ce Fils du Ciel, maître de quatre cents millions d'âmes; pour en être le péristyle, pour y donner accès par des voies colossales, rappelant Thèbes ou Babylone. Et comme on comprend que ces ambassades chinoises, qui, au temps où florissait leur immense patrie, venaient chez nos rois ne fussent pas éblouies outre mesure à la vue de notre Paris d'alors, du Louvre ou de Versailles!...

La porte Sud de Pékin, par où les cortèges arrivaient, est dans l'axe même de ce trône, jadis effroyable, auquel viennent aboutir en ligne droite, six kilomètres d'avenues de portiques et de monstres. Quand on a franchi par cette porte du Sud le rempart de la «Ville chinoise», passant d'abord entre les deux sanctuaires démesurés qui sont le «Temple de l'Agriculture» et le «Temple du Ciel», on suit pendant une demi-lieue la grande artère, bordée de maisons en dentelles d'or, qui mène à un second mur d'enceinte—celui de la «Ville tartare»,—plus haut et plus dominateur que le premier. Une porte plus énorme alors se présente, surmontée d'un donjon noir, et l'avenue se prolonge au delà, toujours aussi impeccablement magnifique et droite, jusqu'à une troisième porte dans un troisième rempart d'un rouge de sang—celui de la «Ville impériale».

Une fois entré dans la «Ville impériale», on est encore loin de ce trône, vers lequel on s'avance en ligne directe, de ce trône qui domine tout et que jadis on ne pouvait voir; mais, par l'aspect des entours, on est déjà comme prévenu de son approche; à partir d'ici, les monstres de marbre se multiplient, les lions de taille colossale, ricanant du haut de leur socle; il y a de droite et de gauche des obélisques de marbre, monolithes enroulés de dragons, au sommet de chacun desquels s'assied une bête héraldique toujours la même, sorte de maigre chacal aux oreilles longues, au rictus de mort, qui a l'air d'aboyer, de hurler d'effroi vers cette chose extraordinaire qui est en avant: le trône de l'Empereur. Les murailles se multiplient aussi, coupant la route, les murailles couleur de sang, épaisses de trente mètres, surmontées de toitures cornues et percées de triples portes de plus en plus inquiètes, basses, étroites, souricières. Les fossés de défense, au pied de ces murailles, ont des ponts de marbre blanc, qui sont triples comme les portes. Et par terre, maintenant, de larges et superbes dalles s'entrecroisent en biais, comme les planches d'un parquet.

Et puis, en pénétrant dans la «Ville impériale», cette même voie, déjà longue d'une lieue, est devenue tout à coup déserte, et s'en va, plus grandiosement large encore, entre de longs bâtiments réguliers et mornes: logis de gardes et de soldats. Plus de maisonnettes dorées, ni de petites boutiques, ni de foules; à partir de ce dernier rempart emprisonnant, la vie du peuple s'arrête, sous l'oppression du trône. Et, tout au bout de cette solitude, surveillée du haut des obélisques par les maigres bêtes de marbre, on aperçoit enfin le centre si défendu de Pékin, le repaire des Fils du Ciel.

Cette dernière enceinte qui apparaît là-bas—celle de la «Ville violette», celle du palais—est, comme les précédentes, d'une couleur de sang qui a séché; elle est plantée de donjons de veille, dont les toits d'émail sombre se recourbent aux angles, se relèvent en pointes méchantes. Et ses triples portes, toujours dans l'axe même de la monstrueuse ville, sont trop petites, trop basses pour la hauteur de la muraille, trop profondes, angoissantes comme des trous de tunnel. Oh! la lourdeur, l'énormité de tout cela, et l'étrangeté du dessin de ces toitures, caractérisant si bien le génie du «Colosse jaune»!...

Le délabrement des choses a dû commencer ici depuis des siècles; l'enduit rouge des remparts est tombé par places, ou s'est tacheté de noir; le marbre des obélisques féroces, le marbre des gros lions aux yeux louches n'a pu jaunir ainsi que sous les pluies d'innombrables saisons, et l'herbe verte, poussée partout entre les joints du granit, détaille comme d'une ligne de velours les dessins du dallage.

Ces triples portes, les dernières, qui furent autrefois les plus farouches du monde, confiées depuis la déroute à un détachement de soldats américains, peuvent s'ouvrir aujourd'hui à tel ou tel barbare comme moi, porteur d'une permission dûment signée.

Et on entre alors, après les tunnels, dans l'immense blancheur des marbres,— une blancheur, il est vrai, un peu passée au jaune d'ivoire et très tachée par la rouille des feuilles mortes, par la rouille des herbes d'automne, des broussailles sauvages qui ont envahi ce lieu délaissé. On est sur une place dallée de marbre, et on a devant soi, se dressant au fond comme un mur, une écrasante estrade de marbre, sur laquelle pose la salle même du trône, avec ses colonnes trapues d'un rouge sanglant et sa monumentale toiture de vieil émail. C'est comme un jardin funéraire, cette place blanche tant les broussailles ont jailli du sol entre les dalles soulevées, et on y entend crier, dans le silence, les pies et les corbeaux.

Il y a par terre des rangées de blocs en bronze, tous pareils, sortes de cônes sur lesquels s'ébauchent des formes de bêtes; ils sont là seulement posés, parmi les herbes roussies et les branches effeuillées, on peut en changer l'arrangement comme on ferait d'un jeu de lourdes quilles,—et ils servaient, en leur temps, pour les entrées rituelles de cortèges; ils marquaient l'alignement des étendards et les places où devaient se prosterner de très magnifiques visiteurs, lorsque le Fils du Ciel daignait apparaître au fond, comme un dieu, tout en haut des terrasses de marbre, entouré de bannières, dans un de ces costumes dont les images enfermées au temple des Ancêtres nous ont transmis la splendeur surhumaine, tout cuirassé d'or, avec des têtes de monstres aux épaules et des ailes d'or à la coiffure.

On y monte, à ces terrasses qui supportent la salle du trône, par des rampes de proportions babyloniennes, et, ceci pour l'Empereur seul, par un «sentier impérial», c'est-à-dire par un plan incliné fait d'un même morceau de marbre, un de ces blocs intransportables que les hommes d'autrefois avaient le secret de remuer; le dragon à cinq griffes déroule ses anneaux sculptés du haut en bas de cette pierre, qui partage par le milieu, en deux travées pareilles, les larges escaliers blancs, et vient aboutir au pied du trône;—pas un Chinois n'oserait marcher sur ce «sentier» par où les empereurs descendaient, appuyant, pour ne pas glisser, les hautes semelles de leurs chaussures aux écailles de la bête héraldique.

Et ces rampes de marbre, obstinément blanches à travers les années, ont des centaines de balustres plantés partout, sur la tête desquels s'arrête la lumière, et qui, regardés de près, figurent des espèces de petits gnomes enlacés de reptiles.

La salle qui est là-haut, ouverte aujourd'hui à tous les vents et à tous les oiseaux du ciel, a pour toiture le plus prodigieux amas de faïence jaune qui soit à Pékin et le plus hérissé de monstres, avec des ornements d'angle ayant forme de grandes ailes éployées. Au dedans, il va sans dire, c'est l'éclat, l'incendie des ors rouges, dont on est toujours obsédé dans les palais de la Chine. A la voûte, qui est d'un dessin inextricable, les dragons se tordent en tous sens, enchevêtrés, enlaçants; leurs griffes et leurs cornes apparaissent partout, mêlées à des nuages,—et il en est un qui se détache de l'amas, un qui semble prêt à tomber de ce ciel affreux, et tient dans sa gueule pendante une sphère d'or, juste au-dessus du trône. Le trône, en laque rouge et or, est dressé au centre de ce lieu de pénombre, en haut d'une estrade; deux larges écrans de plumes, emblèmes de la souveraineté, sont placés derrière, au bout de hampes, et tout le long des gradins qui y conduisent sont étagés des brûle-parfums, ainsi que dans les pagodes aux pieds des dieux.

Comme les avenues que je viens de suivre, comme les séries de ponts et comme les triples portes, ce trône est dans l'axe même de Pékin, dont il représentait l'âme; n'étaient toutes ces murailles, toutes ces enceintes, l'Empereur assis là, sur ce piédestal de marbre et de laque, aurait pu plonger son regard, jusqu'aux extrémités de la ville, jusqu'à la dernière percée de remparts donnant au dehors; les souverains tributaires qui lui venaient, les ambassades, les armées, dès leur entrée dans Pékin par la porte du Sud, étaient, pour ainsi dire, sous le feu de ses yeux invisibles...

Par terre, un épais tapis impérial jaune d'or reproduit, en dessins qui s'effacent, la bataille des chimères, le cauchemar sculpté aux plafonds; c'est un tapis d'une seule pièce, un tapis immense, de laine si haute et si drue que les pas s'y assourdissent comme sur l'herbe d'une pelouse; mais il est tout déchiré, tout mangé aux vers, avec, par endroits, des tas de fiente grisâtre,— car les pies, les pigeons, les corbeaux ont ici des nids dans les ciselures de la voûte, et, dès que j'arrive, la sonorité lugubre de ce lieu s'emplit d'un bourdonnement de vols effarés, en haut, tout en haut, contre les poutres étincelantes et semi-obscures, parmi l'or des dragons et l'or des nuages.

Pour nous, barbares non initiés, l'incompréhensible de ce palais, c'est qu'il y a trois de ces salles, identiquement semblables, avec leur même trône, leur même tapis, leurs mêmes ornements aux mêmes places; elles se succèdent à la file, toujours dans l'axe absolu des quatre villes murées dont l'ensemble forme Pékin; elles se succèdent précédées des pareilles grandes cours de marbre, et construites sur les pareilles terrasses de marbre; on y monte par les pareils escaliers, les pareils sentiers impériaux. Et partout, même abandon, même envahissement par l'herbe et les broussailles, même délabrement de vieux cimetière, même silence sonore où l'on entend les corbeaux croasser.

Pourquoi trois? puisque forcément l'une doit masquer les deux autres, et puisqu'il faut, pour passer de la première à la seconde, ou de la seconde à la troisième, redescendre chaque fois au fond d'une vaste cour triste et sans vue, redescendre et puis remonter, entre les amoncellements des marbres couleur d'ivoire, superbes, mais si monotones et oppressifs!

Il doit y avoir à ce nombre trois quelque raison mystérieuse, et, sur nos imaginations déroutées, cette répétition produit un effet analogue à celui des trois sanctuaires pareils et des trois cours pareilles, dans le grand temple des Lamas...

J'avais déjà vu les appartements particuliers du jeune Empereur. Ceux de l'Impératrice—car elle avait ses appartements ici, dans la «Ville violette», outre les palais frêles que sa fantaisie avait disséminés dans les parcs de la «Ville jaune»—ceux de l'Impératrice ont moins de mélancolie et surtout ne sont pas crépusculaires. Des salles et des salles, toutes pareilles, vitrées de grandes glaces et couronnées toujours d'une somptueuse toiture d'émail jaune; chacune a son perron de marbre, gardé par deux lions tout ruisselants d'or; et les jardinets qui les séparent sont encombrés d'ornements de bronze, grandes bêtes héraldiques, phénix élancés, ou monstres accroupis.

A l'intérieur, des soies jaunes, des fauteuils carrés, de cette forme qui est consacrée par les âges et immuable comme la Chine. Sur les bahuts, sur les tables, quantité d'objets précieux sont placés dans de petites guérites de verre, à cause de la poussière perpétuelle de Pékin,—et cela donne à ces choses la tristesse des momies, cela jette dans les appartements une froideur de musée. Beaucoup de bouquets artificiels, de chimériques fleurs aux nuances neutres, en ambre, en jade, en agate, en pierre de lune...

Le grand luxe inimitable de ces salles de palais, c'est toujours cette suite d'arceaux d'ébène, fouillés à jour, qui semblent d'épaisses charmilles de feuillages noirs. Dans quelles forêts lointaines ont poussé de tels ébéniers, permettant de créer d'un seul bloc chacune de ces charmilles mortuaires? Et au moyen de quels ciseaux et avec quelle patience a-t-on pu ainsi, en plein bois, jusqu'au coeur même de l'arbre, aller sculpter chaque tige et chaque feuille de ces bambous légers, ou chaque aiguille fine de ces cèdres,—et encore détailler là dedans des papillons et des oiseaux?

Derrière la chambre à coucher de l'Impératrice, une sorte d'oratoire sombre est rempli de divinités bouddhiques sur des autels. Il y reste encore une senteur exquise, laissée par la femme élégante et galante, par la vieille belle qu'était cette souveraine. Parmi ces dieux, un petit personnage de bois très ancien, tout fané, tout usé et dont l'or ne brille plus, porte au cou un collier de perles fines,—et devant lui une gerbe de fleurs se dessèche; dernières offrandes, me dit l'un des eunuques gardiens, faites par l'Impératrice, pendant la minute suprême avant sa fuite de la «Ville violette», à ce vieux petit bouddha qui était son fétiche favori.

J'aurai traversé aujourd'hui ce repaire en sens inverse de mon pèlerinage du premier jour.

Et, pour sortir, je dois donc passer maintenant dans les quartiers où tout est muré et remuré, portes barricadées et gardées par de plus en plus horribles monstres... Les princesses cachées, les trésors, est-ce par ici?... Toujours la même couleur sanglante aux murailles, les mêmes faïences jaunes aux toitures, et, plus que jamais, les cornes, les griffes, les formes cruelles, les rires d'hyène, les dents dégainées, les yeux louches; les moindres choses, jusqu'aux verrous, jusqu'aux heurtoirs, affectant des traits de visage pour grimacer la haine et la mort.

Et tout s'en va de vétusté, les dalles par terre sont mangées d'usure, les bois de ces portes si verrouillées tombent en poussière. Il y a de vieilles cours d'ombre, abandonnées à des serviteurs centenaires en barbiche blanche qui y ont bâti des cabanes de pauvre et qui y vivent comme des reclus, s'occupant à élever des pies savantes ou à cultiver de maladives fleurs dans des potiches, devant le rictus éternel des bêtes de marbre et de bronze. Aucun préau de cloître, aucun couloir de maison cellulaire n'arriverait à la tristesse de ces petites cours trop encloses et trop sourdes, sur lesquelles, pendant des siècles, sans contrôle, pesa le caprice ombrageux des empereurs chinois. La sentence inexorable y semblerait à sa place: Ceux qui sont entrés doivent abandonner l'espérance; à mesure que l'on va, les passages se compliquent et se resserrent; on se dit qu'on ne s'en échappera plus, que les grosses serrures de tant de portes ne pourront plus s'ouvrir, ou bien que des parois vont se rapprocher jusqu'à vous étreindre...

Me voici pourtant presque dehors, sorti de l'enceinte intérieure, par des battants massifs qui vite se referment sur mes pas. Je suis pris maintenant entre le second et le premier rempart, l'un aussi farouche que l'autre; je suis dans le chemin de ronde qui fait le tour de cette ville, espèce de couloir d'angoisse, infiniment long, entre les deux murailles rouge sombre qui dans le lointain ont l'air de se rejoindre; il y traîne quelques débris humains, quelques loques ayant été des vêtements de soldats; on y voit aussi deux ou trois corbeaux sautiller, et il s'y promène un chien mangeur de cadavres.

Quand enfin tombent devant moi les madriers qui barricadent la porte extérieure—(la porte confiée aux Japonais),—je retrouve, comme au réveil d'un rêve étouffant, le parc de la «Ville jaune», l'espace libre, sous les grands cèdres...

XIII

Dimanche 28 octobre.

L'Ile des Jades, sur le Lac des Lotus, est un rocher—artificiel peut-être malgré ses proportions de montagne—qui se dresse au milieu des bois de la «Ville jaune»; à ses parois s'accrochent de vieux arbres, de vieux temples, qui vont s'étageant vers le ciel; et, couronnant cet ensemble, une sorte de tour s'élance, un donjon d'une taille colossale, d'un dessin baroque et mystérieux. On le voit de partout, ce donjon; il domine tout Pékin de sa silhouette, de sa chinoiserie vraiment excessive, et il contient là-haut une effroyable idole aérienne, dont le geste menaçant et le rictus de mort planent sur la ville,—une idole que nos soldats ont appelée le «grand diable de Chine.»

Et je monte, ce matin, faire visite à ce «grand diable».

Un arceau de marbre blanc, jeté sur les roseaux et les lotus, donne accès dans l'Ile des Jades. Et les deux bouts de ce pont, il va sans dire, sont gardés par des monstres de marbre, ricanant et louchant d'une façon féroce vers quiconque aurait l'audace de passer. Les rives de l'île s'élèvent à pic, sous les branches des cèdres, et il faut tout de suite commencer à grimper, par des escaliers ou des chemins taillés dans le roc. On trouve alors, échelonnées parmi les arbres sévères, des séries de terrasses de marbre, avec leurs brûle-parfums de bronze, et des pagodes sombres au fond desquelles brillent dans l'obscurité d'énormes idoles dorées.

Cette Ile des Jades, position stratégique importante, puisqu'elle domine tous les alentours, vient d'être occupée militairement par une compagnie de notre infanterie de marine.

Ils n'ont point là d'autre gîte que les pagodes, nos soldats, et point d'autre lit de camp que les tables sacrées; alors, pour pouvoir se faire un peu de place, pour pouvoir s'étendre, la nuit, sur ces belles tables rouges, ils ont doucement mis à la porte la peuplade des petits dieux secondaires qui les encombraient depuis quelques siècles, laissant seulement sur leurs trônes les grandes idoles solennelles. Donc, les voici dehors par centaines, par milliers, alignés comme des jouets sur les terrasses blanches, les pauvres petits dieux encore étincelants, sur qui tombent à présent le soleil et la poussière. Et, dans l'intérieur des temples, autour des grandes idoles que l'on a respectées, avec quels aspects de rudesse les fusils de nos hommes s'étalent, et leurs couvertures grises, et leurs hardes suspendues! Et quelle lourde senteur de tanière ils ont déjà apportée, nos braves soldats, dans ces sanctuaires fermés, sous ces plafonds de laque habitués au parfum du santal et des baguettes d'encens.

A travers les ramures torturées des vieux cèdres, l'horizon, qui peu à peu se déploie, est un horizon de verdure, aux teintes roussies par l'automne. C'est un bois, un bois infini, au milieu duquel apparaissent seulement, çà et là, comme noyées, des toitures de faïence jaune. Et ce bois, c'est Pékin, Pékin que l'on n'imaginait certainement pas ainsi,—et Pékin vu des hauteurs d'un lieu très sacré, où il semblait que jamais Européen n'aurait pu venir.

Le sol rocheux qui vous porte va toujours diminuant, se rétrécissant, à mesure que l'on s'élève vers le «grand diable de Chine», à mesure que l'on approche de la pointe de ce cône isolé qui est l'Ile des Jades.

Ce matin, aux étages supérieurs, je croise en montant une petite troupe de pèlerins singuliers qui redescendent: des missionnaires lazaristes en costume mandarin et portant la longue queue; en leur compagnie, quelques jeunes prêtres catholiques chinois, qui semblent effarés d'être là, comme si, malgré leur christianisme superposé aux croyances héréditaires, ils avaient encore le sentiment de quelque sacrilège, commis par leur seule présence en un lieu si longtemps défendu.

Tout au pied du donjon qui couronne ces rochers, voici le kiosque de faïence et de marbre où le «grand diable» habite. On est là très haut, dans l'air vif et pur, sur une étroite terrasse, au-dessus d'un déploiement d'arbres à peine voilés aujourd'hui par l'habituel brouillard de poussière et de soleil.

Et j'entre chez le «grand diable», qui est seul hôte de cette région aérienne... Oh! l'horrible personnage! Il est de taille un peu surhumaine, coulé en bronze. Comme Shiva, dieu de la mort, il danse sur des cadavres; il a cinq ou six visages atroces, dont le ricanement multiple est presque intolérable; il porte un collier de crânes et il gesticule avec une quarantaine de bras qui tiennent des instruments de torture ou des têtes coupées.

Telle est la divinité protectrice que les Chinois font planer sur leur ville, plus haut que toutes leurs pyramidales toitures de faïence, plus haut que leurs tours et leurs pagodes,—ainsi qu'on aurait chez nous, aux âges de foi, placé un christ ou une Vierge blanche. Et c'est comme le symbole tangible de leur cruauté profonde; c'est comme l'indice de l'inexplicable fissure dans la cervelle de ces gens-là, d'ordinaire si maniables et doux, si accessibles au charme des petits enfants et des fleurs, mais qui peuvent tout à coup devenir tortionnaires avec joie, avec délire, arracheurs d'ongles et dépeceurs d'entrailles vives...

Les choses qui me soutiennent en l'air, rochers et terrasses de marbre, dévalent au-dessous de moi, parmi les cimes des vieux cèdres, en des fuites glissantes à donner le vertige. La lumière est admirable et le silence absolu.

Pékin sous mes pieds semblable à un bois!... On m'avait averti de cet effet incompréhensible, mais mon attente est encore dépassée. En dehors des parcs de la «Ville impériale», il ne me paraissait point qu'il y eût tant d'arbres, dans les cours des maisons, dans les jardins, dans les rues. Tout est comme submergé par la verdure. Et même au delà des remparts, qui dessinent dans le lointain extrême leur cadre noir, le bois recommence, semble infini. Vers l'Ouest seulement, c'est le steppe gris, par où j'étais arrivé un matin de neige. Et vers le Nord, les montagnes de Mongolie se lèvent charmantes, diaphanes et irisées, sur le ciel pâle.

Les grandes artères droites de cette ville, tracées d'après un plan unique, avec une régularité et une ampleur qu'on ne retrouve dans aucune de nos capitales d'Europe, ressemblent, d'où je suis, à des avenues dans une forêt; des avenues que borderaient des maisonnettes drôles, compliquées, fragiles, en carton gris ou en fines découpures de papier doré. Beaucoup de ces artères sont mortes; dans celles qui restent vivantes, la vie s'indique, regardée de si haut, par un processionnement de petites bêtes brunes aplaties sur le sol, quelque chose qui rappelle la migration des fourmis: ces caravanes toujours, qui s'en vont, s'en vont lentes et tranquilles, se disperser aux quatre coins de la Chine immense.

La région directement sous mes pieds est la plus dépeuplée de tout Pékin et la plus muette. Le silence seul monte vers l'affreuse idole et vers moi, qui, de compagnie, nous grisons de lumière, d'air vif et un peu glacé. A peine quelques croassements, perdus, diffusés dans trop d'espace, quand vient à tourbillonner au-dessous de nous un vol d'oiseaux noirs...

Un semblant de regret se mêle aujourd'hui à mon après-midi de travail dans l'isolement de mon haut palais: regret de ce qui va finir, car je suis maintenant tout près de mon départ. Ce sera du reste une fin sans recommencement possible, car si je revenais plus tard à Pékin, ce palais me serait fermé, ou tout au moins n'y retrouverais-je jamais ma solitude charmante.

Et ce lieu si lointain, si inaccessible, dont il eût semblé insensé autrefois de dire que je ferais ma demeure, m'est devenu déjà tellement familier, ainsi que tout ce qui s'y trouve et ce qui s'y passe! La présence de la grande déesse d'albâtre dans le temple obscur, la visite quotidienne du chat, le silence des entours, l'éclat morne du soleil d'octobre, l'agonie des derniers papillons contre mes vitres, le manège de quelques moineaux qui nichent aux toits d'émail, et la promenade des feuilles mortes, la chute des petites aiguilles balsamiques des cèdres sur les dalles de l'esplanade, sitôt que souffle le vent... Quelle singulière destinée, quand on y songe, m'a fait le maître ici pour quelques jours!...

Au palais du Nord, c'est déjà bien fini des splendeurs de notre longue galerie. La voici traversée de place en place par des boiseries légères, qui pourraient être enlevées sans peine si jamais l'Impératrice pensait à revenir, mais qui pour le moment la partagent en bureaux et en chambres. Encore quelques bibelots magnifiques dans la partie qui sera le salon du général; ailleurs, tout a été simplifié, et les soieries, les potiches, les écrans, les bronzes, dûment catalogués aujourd'hui, sont allés au Garde-Meuble. Nos soldats ont même apporté dans ces futurs logements de l'état-major, pour les rendre habitables, des sièges européens, trouvés par là dans les réserves du palais,—canapés et fauteuils vaguement Henri II, couverts en peluche vieil or, d'un beau faste d'hôtel garni provincial.

Je pars sans doute demain matin. Et, quand l'heure du dîner nous réunit une fois encore, le capitaine C... et moi, à notre toujours même table d'ébène, nous avons l'un et l'autre un peu de mélancolie à voir combien les choses sont changées autour de nous et combien vite s'est achevé notre petit rêve de souverains chinois...

Lundi 29 octobre.

J'ai retardé mon départ de vingt-quatre heures, afin de rencontrer le général Voyron, qui rentre à Pékin ce soir, et de prendre ses commissions pour l'amiral.

C'est donc un dernier après-midi tout à fait imprévu à passer dans mon haut mirador et une dernière visite du chat, qui ne me retrouvera plus, ni demain ni jamais, à ma place habituelle. D'ailleurs, la température s'abaisse de jour en jour et mon poste de travail bientôt ne serait plus tenable.

Avant que la porte de ce palais se referme derrière moi pour l'éternité, je me promène, en tournée d'adieu, dans tous les recoins étranges des terrasses, dans tous les kiosques maniérés et charmants, où l'Impératrice sans doute cachait ses rêveries et ses amours.

Quand je vais prendre congé de la grande déesse blanche—le soleil déjà déclinant et les toits de la «Ville violette» déjà baignés dans l'or rouge des soirs—je trouve les aspects changés autour d'elle: les soldats qui gardent en bas la poterne sont montés pour mettre de l'ordre dans sa demeure; ils ont enlevé les mille cassons de porcelaines, de girandoles, les mille débris de vases ou de bouquets, et balayé avec soin la place. La déesse d'albâtre, délicieusement pâle dans sa robe d'or, sourit plus solitaire que jamais, au fond de son temple vide.

Il se couche, le soleil de ce dernier jour, dans de petits nuages d'hiver et de gelée qui donnent froid rien qu'à regarder. Et le vent de Mongolie me fait trembler sous mon manteau tandis que je repasse le Pont de Marbre pour rentrer au palais du Nord,—où le général vient d'arriver, avec une escorte de cavaliers.

Mardi 30 octobre.

A cheval à sept heures du matin, sous l'inaltérable beau soleil et sous le vent glacé. Et je m'en vais, avec mes deux serviteurs, plus le jeune Chinois Toum, et une petite escorte de deux chasseurs d'Afrique qui m'accompagnera jusqu'à ma jonque. Environ six kilomètres à faire, avant d'être dans la funèbre campagne. Nous devons naturellement d'abord passer le Pont de Marbre, sortir du grand bois impérial. Ensuite, traverser, dans le nuage de poussière noire, tout ce Pékin de ruines, de décombres et de pouillerie, qui est en plein grouillement matinal.

Et enfin, après les portes profondes, percées dans les hauts remparts, voici le steppe gris du dehors, balayé par un vent terrible, voici les énormes chameaux de Mongolie à crinière de lion, qui perpétuellement y défilent en cortège et font nos chevaux se cabrer de peur.

L'après-midi, nous sommes à Tong-Tchéou, la ville de ruines et de cadavres, qu'il faut franchir dans le silence pour arriver au bord du Peï-Ho. Et là, je retrouve ma jonque amarrée, sous la garde d'un cavalier du train; ma même jonque, qui m'avait amené de Tien-Tsin, mon même équipage de Chinois et tout mon petit matériel de lacustre demeuré intact. On n'a pillé en mon absence que ma provision d'eau pure, ce qui est très grave pour nous, mais si pardonnable, en ce moment où l'eau du fleuve est un objet d'effroi pour nos pauvres soldats! Tant pis! nous boirons du thé bouillant.

A la course, allons chez le chef d'étape régler nos papiers, allons toucher nos rations de campagne au magasin de vivres installé dans les ruines, et vite, démarrons la jonque de la rive infecte qui sent la peste et la mort, commençons de redescendre le fleuve, au fil du courant, vers la mer.

Bien qu'il fasse sensiblement plus froid encore qu'à l'aller, c'est presque amusant de reprendre la vie nomade, de réhabiter le petit sarcophage au toit de natte, de s'enfoncer, à la nuit tombante, dans l'immense solitude d'herbages, en glissant entre les deux rives noires.

Mercredi 31 octobre.

Le soleil matinal resplendit sur le pont de la jonque couvert d'une couche de glace. Le thermomètre marque 8° au-dessous de zéro, et le vent de Mongolie souffle avec violence, âpre, cruel, mais puissamment salubre.

Nous avons pour nous le courant rapide, et, beaucoup plus vite qu'au départ, défilent sous nos yeux les rives désolées, avec leurs mêmes ruines, leurs mêmes cadavres aux mêmes places. Du matin au soir, pour nous réchauffer, nous marchons sur le chemin de halage, courant presque à côté de nos Chinois à la cordelle. Et c'est une plénitude de vie physique; dans ce vent-là, on se sent infatigables et légers.

Jeudi 1er novembre.

Notre trajet par le fleuve n'aura duré cette fois que quarante-huit heures, et nous n'aurons dormi que deux nuits de gelée sous le toit de nattes minces qui laisse voir par ses mailles le scintillement des étoiles, car vers la fin du jour nous entrons à Tien-Tsin.

Ce Tien-Tsin, où il nous faudra chercher un gîte pour la nuit, s'est repeuplé terriblement depuis notre dernier passage. Nous mettons près de deux heures pour traverser à l'aviron l'immense ville, au milieu d'une myriade de canots et de jonques, les deux rives du fleuve encombrées de foules chinoises qui hurlent, qui s'agitent, achètent ou vendent, malgré l'éboulement des murailles et des toitures.

Vendredi 2 novembre.

Sous le vent de gel et de poussière qui continue de souffler sans pitié, nous arrivons pour midi dans l'horrible Takou, à l'embouchure du fleuve. Mais hélas! impossible de rejoindre l'escadre aujourd'hui: les marées sont défavorables, la barre mauvaise, la mer démontée. Peut-être demain et encore?...

J'avais presque eu le temps de l'oublier, moi, la vie incertaine et pénible que l'on mène ici: perpétuelle inquiétude du temps qu'il va faire; préoccupation pour tel chaland, chargé de soldats ou de matériel, qui risque d'être surpris dehors ou de s'échouer sur la barre; complications et dangers de toute sorte pour ce va-et-vient entre la terre et les navires, pour ce débarquement du corps expéditionnaire,—qui semble peut-être une chose si simple, lorsqu'on y regarde de loin, et qui est un monde de difficultés, dans de tels parages...

Samedi 3 novembre.

En route dès le matin pour l'escadre, par grosse mer. Au bout d'une demi-heure, la sinistre rive de Chine s'est évanouie derrière nous et les fumées des cuirassés commencent d'étendre sur l'horizon leur nuage noir. Mais nous craignons d'être forcés de rebrousser chemin, tant il fait mauvais...

Tout trempé d'embruns, je finis cependant par arriver, et, entre deux lames, je saute à bord du Redoutable,—où mes camarades, qui n'ont pas eu comme moi un intermède de haute chinoiserie, sont à la peine depuis déjà quarante jours.

V

RETOUR A NING-HAI

Environ six semaines plus tard. C'est encore le matin, mais il fait sombre et froid. Après avoir été à Tien-Tsin, à Pékin et ailleurs, où tant d'étranges ou funèbres images ont passé sous nos yeux, nous voici revenus devant Ning-Haï, que nous avions eu le temps d'oublier; notre navire a repris là, au petit jour, son précédent mouillage, et nous retournons au fort des Français.

Il fait sombre et froid; l'automne, très brusque dans ces régions, a ramené des gelées soudaines, et les bouleaux, les saules achèvent de dépouiller leurs feuilles, sous un ciel bas, d'une couleur terne et glacée.

Les zouaves, habitants du fort, qui si gaiement, il y a un mois, s'étaient mis en route pour y succéder à nos matelots, ont déjà laissé dans la terre chinoise quelques-uns des leurs, emportés par le typhus, ou tués par des explosions de torpilles, par des coups de feu. Et nous venons ce matin, avec l'amiral et des marins en armes, rendre les honneurs derniers à deux d'entre eux qui, d'une façon particulièrement tragique, par une lamentable méprise, sont tombés sous des balles russes.

Tout est plus solitaire sur les routes de sable semées de feuilles jaunes. Les cosaques de la plaine ont évacué leurs campements et disparu, de l'autre côté de la Grande Muraille, vers la Mandchourie. C'est fini de l'agitation des premiers jours, fini de la confusion et de l'encombrement joyeux; cela «s'est tassé», comme on dit en marine; chacun a pris ses quartiers d'hiver à la place assignée; quant aux paysans d'alentour, ils ne sont pas revenus, et les villages restent vides, à l'abandon.

Le fort, orné toujours de ses emblèmes chinois, de son écran de pierre et de son monstre, porte à présent un nom très français: il s'appelle le fort «Amiral-Pottier». Et quand nous entrons, les clairons sonnant aux champs pour l'amiral, les zouaves rangés sous les armes regardent avec un respect attendri ce chef qui vient honorer les funérailles de deux soldats.

Les portes franchies, on a tout à coup le sentiment inattendu d'arriver sur un sol de France,—et vraiment on serait en peine de dire par quel sortilège ces zouaves, en un mois, ont fait de ce lieu et de ses proches alentours quelque chose qui est comme un coin de patrie.

Rien de bien changé cependant; ils se sont contentés de déblayer les immondices chinoises, de mettre en ordre le matériel de guerre, de blanchir les logis, d'organiser une boulangerie où le pain sent bon,—et un hôpital où beaucoup de blessés, hélas! et de malades dorment sur des petits lits de camp très propres. Mais tout cela, dès l'abord, sans qu'on sache pourquoi, vous cause une émotion de France retrouvée...

Au milieu du fort, dans la cour d'honneur, devant la porte de la salle où le mandarin trônait, deux voitures d'artillerie, sous le triste ciel d'automne, attendent, dételées. Leurs roues sont garnies de feuillage, et des draps blancs les enveloppent, semés de pauvres petits bouquets qui y tiennent par des épingles: dernières fleurs des jardins chinois d'alentour, maigres chrysanthèmes et chétives roses flétries par la gelée; tout cela, disposé avec des soins touchants et de gentilles gaucheries de soldat, pour les camarades qui sont morts et qui reposent là sur ces voitures, dans des cercueils couverts du pavillon de France.

Et c'est une surprise d'entrer dans cette vaste chambre du mandarin, que les zouaves ont transformée en chapelle.

Chapelle un peu étrange, il est vrai. Aux murs tout blancs de chaux, des vestes de soldats chinois sont clouées en étoiles, réunies en trophées avec des sabres, des poignards, et, sur la nappe blanche de l'autel que des potiches décorent, les flambeaux pour les cierges sont faits d'obus et de baïonnettes;—choses naïves et charmantes, que les soldats savent arranger quand ils sont en exil.

La messe alors commence, très militaire, avec des piquets en armes, avec des sonneries de clairon qui font tomber à genoux les zouaves; messe dite par l'aumônier de l'escadre, dans ses ornements de deuil; messe de mort, pour les deux qui dorment, devant la porte, au vent glacé, sur les fourgons ornés de tardives fleurs. Et, dans la cour, les cuivres un peu assourdis entonnent lentement le «Prélude» de Bach, qui monte comme une prière, dominant ce mélange de patrie et de terre lointaine, de funérailles et de matinée grise...

Ensuite c'est le départ pour un enclos chinois tout proche, aux solides murs de terre battue, dont nous avons fait ici notre cimetière. On attelle des mules aux deux fourgons lourds, et l'amiral lui-même conduit le deuil, par les sentiers de sable où les zouaves forment la haie, présentant les armes.

Le soleil, ce matin, ne percera pas les nuées d'automne, au-dessus de cet enterrement d'enfants de France. Il fait toujours sombre et froid, et les saules, les bouleaux de la morne campagne continuent de semer sur nous leurs feuilles.

Ce cimetière improvisé, au milieu de tout l'exotisme qui l'entoure, a déjà pris lui aussi un air d'être français,—sans doute à cause de ces braves noms de chez nous, inscrits sur les croix de bois des tombes toutes fraîches, à cause de ces pots de chrysanthèmes, apportés par les camarades devant les tristes mottes de terre. Cependant au-dessus du mur qui protège nos morts, ce rempart si voisin, qui monte et se prolonge indéfiniment dans la campagne sous les nuages de novembre, c'est la Grande Muraille de Chine,—et nous sommes loin, effroyablement loin, dans l'exil extrême.

Maintenant les nouveaux cercueils sont descendus, chacun au fond de sa fosse, continuant ainsi la rangée, qui est déjà longue, de ces jeunes sépultures; tous les zouaves se sont approchés, les files serrées, et leur commandant rappelle en quelques mots comment ces deux-là tombèrent:

C'était aux environs d'ici. La compagnie marchait sans méfiance, dans la direction d'un fort où l'on venait de hisser le pavillon de Russie, quand les balles tout à coup fouettèrent comme une grêle; ces Russes, derrière leurs créneaux, étaient des nouveaux venus qui n'avaient jamais rencontré de zouaves et qui prenaient leurs bonnets rouges pour des calottes de Boxers. Avant que la méprise fût reconnue, nous avions déjà plusieurs des nôtres à terre, sept blessés dont un capitaine, et ces deux morts, dont l'un était le sergent qui agitait notre drapeau pour essayer d'arrêter le feu.

Enfin l'amiral à son tour parle aux zouaves, dont les regards alignés se voilent bientôt de bonnes larmes,—et, quand il s'avance sur le funèbre éboulement de terre pour abaisser son épée vers les fosses béantes, en disant à ceux qui y sont couchés: «Je vous salue en soldat, pour la dernière fois», on entend un vrai sanglot, très naïf et nullement retenu, partir de la poitrine d'un large garçon hâlé qui, dans le rang, n'a pourtant pas l'air du moins brave...

Le vide pitoyable, à côté de cela, le vide ironique de tant de pompeuses cérémonies sur des tombes officielles, et de beaux discours!

Oh! dans nos temps médiocres et séniles, où tout s'en va en dérision et où les lendemains épouvantent, heureux ceux qui sont fauchés debout, heureux ceux qui tombent, candides et jeunes, pour les vieux rêves adorables de patrie et d'honneur, et que l'on emporte enveloppés d'un humble petit drapeau tricolore,—et que l'on salue en soldat, avec des paroles simples qui font pleurer!...

VI

PÉKIN AU PRINTEMPS

I

Jeudi 18 avril 1901.

Le terrible hiver de Chine, qui nous avait pour quatre mois chassés de ce golfe de Pékin envahi par les glaces, vient de finir, et nous voici de nouveau à notre poste de misère, revenus avec le printemps sur les eaux bourbeuses et jaunes, devant l'embouchure du Peï-Ho.

Aujourd'hui, la télégraphie sans fil, par une série d'imperceptibles vibrations cueillies en haut de la mâture du Redoutable, nous informe que le palais de l'Impératrice, occupé par le feld-maréchal de Waldersee, était en feu cette nuit et que le chef d'état-major allemand a péri dans la flamme.

De toute l'escadre alliée, nous sommes les seuls avertis, et l'amiral aussitôt me donne l'ordre imprévu de partir pour Pékin, où je devrai offrir ses condoléances au maréchal et le représenter aux funérailles allemandes.

Vingt-cinq minutes pour mes préparatifs, emballage de grande et de petite tenue; le bateau qui doit m'emporter à terre ne saurait attendre davantage sans risquer de manquer la marée et de ne pouvoir franchir ce soir la barre du fleuve.

Printemps encore incertain, brise froide et mer remuante. Au bout d'une heure de traversée, je mets pied sur la berge de l'horrible Takou, devant le quartier français où il me faudra passer la nuit.

Vendredi 19 avril.

La voie ferrée, que les Boxers avaient détruite, a été rétablie, et le train que je prends ce matin me mènera directement à Pékin, pour quatre heures du soir.

Voyage rapide et quelconque, si différent de celui que j'avais fait au début de l'hiver, en jonque et à cheval!

Les pluies du printemps ne sont pas commencées; la verdure frileuse des maïs, des sorghos et des saules, en retard sur ce qu'elle serait dans nos climats, sortie à grand'peine du sol desséché, jette sa nuance hésitante sur les plaines chinoises, saupoudrées de poussière grise et brûlées par un soleil déjà torride.

Et combien cette apparition de Pékin est différente aussi de celle de la première fois! D'abord nous arrivons non plus devant les remparts surhumains de la «Ville tartare», mais devant ceux de la «Ville chinoise», moins imposants et moins sombres.

Et, à ma grande surprise, par une brèche toute neuve dans cette muraille, le train passe, entre en pleine ville, me dépose devant la porte du «temple du Ciel»!—Il en va de même, paraît-il, pour la ligne de Pao-Ting-Fou: l'enceinte babylonienne a été percée, et le chemin de fer pénètre Pékin, vient mourir à l'entrée des quartiers impériaux.—Que de bouleversements inouïs trouvera cet empereur Céleste, s'il revient jamais: les locomotives courant et sifflant à travers la vieille capitale de l'immobilité et de la cendre!...

Sur le quai de cette gare improvisée, une animation plutôt joyeuse; beaucoup de monde européen, au-devant des voyageurs qui débarquent.

Parmi tant d'officiers réunis là, il en est un que je reconnais sans l'avoir jamais vu, et vers qui spontanément je m'avance: le colonel Marchand, le héros que l'on sait,—arrivé à Pékin en novembre dernier, alors que je n'y étais déjà plus. Et, ensemble, nous partons en voiture pour le quartier général français, où l'hospitalité m'est offerte.

C'est à une lieue environ, ce quartier général, toujours dans ce petit palais du Nord que j'avais connu au temps de sa splendeur chinoise et dont j'avais suivi les premières transformations. Lui-même, le colonel, habite tout auprès, dans le palais de la Rotonde,—et, en causant, nous découvrons que, pour son logis particulier, il a justement choisi, sans le savoir, le même kiosque où j'avais fait mon cabinet de travail, durant ces journées de lumière et de silence, à l'arrière-saison.

Nous nous en allons par la grande voie magnifique des cortèges et des empereurs, par les portes triples percées dans les colossales murailles rouges sous l'écrasement des donjons à meurtrières; par les ponts de marbre, entre les gros lions de marbre au rire affreux, entre les vieux obélisques couleur d'ivoire où perchent des bêtes de rêve.

Et quand, après les cahots, le tapage et les foules, notre voiture glisse enfin librement sur les larges dalles de pierre, dans la relative solitude qu'est la «Ville Jaune», toute cette magnificence, revue ce soir, me paraît plus que jamais condamnée, et son temps plus révolu. Le Pékin impérial, dans son éternelle poussière, se chauffe à ces rayons d'avril, mais sans s'éveiller, sans reprendre vie après son long hiver glacé. Pas une goutte de pluie encore n'est tombée: un sol de poussière, des parcs de poussière.

Les vieux cèdres, noirâtres et poudreux, semblent des momies d'arbres, tandis que le vert des saules monotones commence à peine de poindre timidement, dans l'air comme blanchi de cendre, sous le terrible soleil tout blanc. En haut, vers un ciel clair qui est tissé de lumière et de chaleur, montent les souveraines toitures, les pyramides de faïence couleur d'or, dont l'affaissement de plus en plus s'accuse, et la vétusté, sous les touffes d'herbe et les nids d'oiseau. Les cigognes de Chine, revenues avec le printemps, sont toutes là perchées, en rang sur le faîte prodigieux des palais, sur les précieuses tuiles, parmi les cornes et les griffes des monstres d'émail: petites personnes immobile et blanches, à demi perdues dans l'éblouissement de ce ciel, on dirait qu'elles méditent longuement sur les destructions de la ville, en contemplant à leurs pieds tant de mornes demeures... Vraiment, je trouve que Pékin a vieilli encore depuis mon voyage d'automne, mais vieilli d'un siècle ou deux; cet ensoleillement d'avril l'accable davantage, le rejette d'une façon plus définitive parmi les irrémédiables ruines; on le sent fini, sans résurrection possible.

Samedi 20 avril.

Ce matin, à neuf heures, sous un soleil torride, ont lieu les funérailles du général Schwarzhof, qui fut l'un des plus grands ennemis de la France, et qui trouva dans ce palais chinois une mort si imprévue, quand sa destinée semblait l'appeler à devenir le chef d'état-major général de l'armée allemande.

Tout le palais n'a pas brûlé, mais seulement la partie superbe où le maréchal et lui habitaient, les appartements aux incomparables boiseries d'ébène et la salle du trône remplie de chefs-d'oeuvre d'art ancien.

Le cercueil a été disposé dans une grande salle épargnée par le feu. Devant la porte, sous le dangereux soleil, se tient le maréchal aux cheveux blancs; un peu accablé, mais gardant sa grâce exquise de gentilhomme et de soldat, il accueille là les officiers qu'on lui présente: des officiers de tout costume et de tout pays, arrivant à cheval, à pied, en voiture, coiffés de claques, de casques ornés d'ailes ou de plumets. Viennent aussi de craintifs dignitaires chinois, gens d'un autre monde, et, dirait-on, d'un autre âge de l'histoire humaine. Et les messieurs en haut de forme de la diplomatie ne manquent pas non plus, apportés comme par anachronisme dans les vieux palanquins asiatiques.

La chinoiserie de la salle est entièrement dissimulée sous des branches de cyprès et de cèdre, cueillies dans le parc impérial par les soldats allemands et par les nôtres; elles tapissent la voûte et les murailles, ces branches, et de plus font la jonchée par terre; elles répandent une odeur balsamique de forêt autour du cercueil, qui disparaît sous les lilas blancs des jardins de l'Impératrice.

Après le discours d'un pasteur luthérien, il y a un choeur d'Hændel, chanté derrière les verdures par de jeunes soldats allemands, avec des voix si fraîches et si faciles que cela repose comme une musique céleste. Et, à travers la grande salle, des pigeons familiers, que l'invasion barbare n'a pas troublés dans leurs habitudes, volent tranquillement au-dessus de nos têtes empanachées ou dorées.

Au son des cuivres militaires, le cortège ensuite se met en marche, pour faire le tour du Lac des Lotus. Sur le parcours, une haie, telle qu'on n'en avait jamais vu, est formée par des soldats de toutes les nations; des Bavarois succèdent à des Cosaques, des Italiens à des Japonais, etc. Parmi tant d'uniformes de couleur plutôt sombre, tranchent les vestes rouges du petit détachement anglais, dont les reflets dans le lac font comme des traînées sanglantes et cruelles,—oh! un tout petit détachement, presque un peu ridicule, à côté de ceux que les autres nations ont envoyés: l'Angleterre, en Chine, s'est surtout fait représenter par des hordes d'Indiens, et chacun sait, hélas! à quelle sorte de besogne ses troupes en ce moment sont ailleurs occupées...

Sous la réverbération fatigante de dix heures du matin, les eaux, qui renversent les images de ces cordons de soldats, reflètent aussi les grands palais désolés, ou les quais de marbre, les kiosques de faïence bâtis çà et là tout au bord dans les herbages; et par endroits les lotus, qui avec le printemps commencent à sortir des vases profondes engraissées de cadavres, montrent à la surface leurs premières feuilles d'un vert teinté de rose.

On s'arrête à une pagode semi-obscure, où le cercueil sera provisoirement laissé. Elle est tellement remplie de feuillage qu'on croirait d'abord entrer dans un jardin de cèdres, de saules et de lilas blancs; mais bientôt les yeux distinguent, derrière et au-dessus de ces verdures, d'autres frondaisons plus rares et plus magnifiques, des frondaisons étincelantes, ciselées jadis par les Chinois pour leurs dieux, en forme de touffes d'érable, de touffes de bambou, et montant comme de hautes charmilles d'or vers les plafonds d'or.

C'est la fin de ces étranges funérailles. Ici, les groupes se divisent, se trient par nations, pour se disperser bientôt dans les allées brûlantes du bois, s'en aller vers les différents palais...

Sous la lumière d'avril, le décor de la «Ville jaune» paraît plus profond, plus vaste que jamais. Et vraiment on se sent confondu devant tout ce factice gigantesque. Combien le génie de ce peuple chinois a été jadis admirable! Au milieu d'une plaine aride, d'un steppe sans vie, avoir créé de toutes pièces et d'un seul coup cette ville de vingt lieues de tour, avec ses aqueducs, ses bois, ses rivières, ses montagnes et ses grands lacs! Avoir créé des lointains de forêt, des horizons d'eau pour donner aux souverains des illusions de fraîcheur! Et avoir enfermé tout cela—qui est cependant si grand qu'on ne le voit pas finir,—

l'avoir séparé du reste du monde, l'avoir séquestré, si l'on peut dire ainsi, derrière de formidables murailles!

Ce que les plus audacieux architectes n'ont pu créer, par exemple, ni les plus fastueux empereurs, c'est un vrai printemps dans leur pays desséché, un printemps comme les nôtres, avec les pluies tièdes, avec la poussée folle des graminées, des fougères et des fleurs. Point de pelouses, point de mousses, ni de foins odorants; le renouveau, ici, s'indique à peine par les maigres feuilles des saules, par quelque touffe d'herbe de place en place, ou la floraison, çà et là, d'une espèce de giroflée violette, sur la poussière du sol. Il ne pleuvra qu'en juin, et alors ce sera un déluge, noyant toutes choses...

Pauvre «Ville jaune», où nous cheminons ce matin, sous un soleil de plomb, rencontrant tant de monde, tant de détachements armés, tant d'uniformes, pauvre «Ville jaune» qui fut pendant des siècles fermée à tous, refuge inviolable des rites et des mystères du passé, lieu de splendeur, d'oppression et de silence; quand je l'avais vue en automne, elle gardait un air de délaissement qui lui seyait encore; mais je la retrouve animée aujourd'hui par la vie débordante des soldats de toute l'Europe! Partout, dans les palais, dans les pagodes d'or, des cavaliers «barbares» traînent leurs sabres, ou pansent leurs chevaux, sous le nez des grands bouddhas rêveurs...

Vu aujourd'hui, chez des marchands chinois, un dépôt de ces ingénieuses statuettes en terre cuite qui sont une spécialité de Tien-Tsin. Elles ne figuraient jusqu'à cette année que des gens du Céleste Empire, de toutes les conditions sociales et dans toutes les circonstances de la vie; mais celles-ci, inspirées par l'invasion, représentent les divers «guerriers d'Occident», types et costumes reproduits avec la plus étonnante exactitude. Or, les minutieux modeleurs ont donné aux soldats de certaines nations européennes, que je préfère ne pas désigner, des expressions de colère féroce, leur ont mis en main des sabres au clair ou des triques, des cravaches levées pour cingler.

Quant aux nôtres, coiffés de leur béret de campagne et très Français de visage avec leurs moustaches faites en soie jaune ou brune, ils portent tous tendrement dans leurs bras des bébés chinois. Il y a plusieurs poses, mais toujours procédant de la même idée; le petit Chinois quelquefois tient le soldat par le cou et l'embrasse; ailleurs le soldat s'amuse à faire sauter le bébé qui éclate de rire; ou bien il l'enveloppe soigneusement dans sa capote d'hiver... Ainsi donc, aux yeux de ces patients observateurs, tandis que les autres troupiers continuent de brutaliser et de frapper, le troupier de chez nous est celui qui, après la bataille, se fait le grand frère des pauvres bébés ennemis; au bout de quelques mois de presque cohabitation, voilà ce qu'ils ont trouvé, les Chinois, et ce qu'ils ont trouvé tout seuls, pour caractériser les Français.

Il faudrait pouvoir répandre en Europe les exemplaires de ces différentes statuettes: ce serait pour nous, par comparaison, un bien glorieux trophée rapporté de cette guerre,—et, dans notre pays même, cela fermerait la bouche à nombre d'imbéciles[3].

[Note 3: Peu de jours après, par ordre des commandants supérieurs, les statuettes accusatrices ont été retirées de la circulation et les moules brisés. Seules, les statuettes Françaises sont restées en vente: encore sont-elles devenues fort rares.]

Dans l'après-midi, le maréchal de Waldersee vient au quartier général français. Il se complaît à redire, ce qui est du reste la vérité, que l'incendie a été éteint presque uniquement par nos soldats,—sous la conduite de mon nouvel ami, le colonel Marchand.

En effet, le soir, vers onze heures, étant à songer sur les hautes terrasses de son palais de la Rotonde, le colonel se trouva en bonne place pour voir l'immense gerbe rouge, reflétée dans l'eau, s'élancer superbement de cet amas d'ébène sculptée et de fin laque d'or. Il accourut le premier, avec un détachement de chez nous, et, jusqu'au matin, il put maintenir dix pompes françaises en action, tandis que notre infanterie de marine, sous ses ordres, faisait à coups de hache la part du feu. C'est à lui en outre que l'on doit d'avoir pu retrouver le corps du général Schwarzhof: sur la place exacte où il le savait tombé, il fit constamment diriger une gerbe d'eau, sans laquelle l'incinération eût été complète.
Je vais, le soir, faire visite à monseigneur Favier, qui est tout juste revenu de sa tournée d'Europe, plein de confiance et de projets.

Et comme tout est changé, depuis l'automne, dans la concession catholique! Au lieu de l'accablement et du silence, c'est la vie et la pleine activité. Huit cents ouvriers—presque tous Boxers, affirme l'évêque, avec un beau sourire de défi—travaillent à réparer la cathédrale, qui est emmaillotée du haut en bas dans des échafaudages de bambou. On a tracé alentour des avenues plus larges, planté des allées de jeunes acacias, entrepris mille choses, tout comme si une ère de paix définitive était commencée, les persécutions à jamais finies.

Pendant que je suis à causer avec l'évêque, dans le parloir blanc, le maréchal arrive. Il reparle de l'incendie de son palais, naturellement, et, avec sa délicate courtoisie, il veut bien nous dire que, de tous les souvenirs perdus par lui dans le désastre, ce qu'il regrette le plus, c'est sa croix française de la Légion d'honneur.

II

Dimanche 21 avril.

Ma facile mission terminée, je n'avais plus qu'à reprendre le chemin du Redoutable.

Mais le général a eu la bonté, hier soir, de m'offrir de rester auprès de lui quelques jours encore. Il me propose d'aller visiter les tombeaux des empereurs de la dynastie actuelle, qui sont dans un bois sacré, à une cinquantaine de lieues au sud-ouest de Pékin; tombeaux que l'on n'avait jamais vus avant cette guerre et qu'on ne verra sans doute jamais après. Pour cela, il faut écrire là-bas à l'avance, avertir les mandarins, avertir surtout les commandants des postes français échelonnés sur la route, et c'est presque une petite expédition à organiser; j'ai donc demandé dix jours à l'amiral, qui a bien voulu me les accorder par dépêche, et me voici encore l'hôte de ce palais pour bien plus longtemps que je ne l'aurais cru.

Ce matin dimanche, je vais assister à la grand'messe des Chinois, dans la cathédrale en réparation de monseigneur Favier.

J'entre par le côté gauche de la nef,—qui est le côté des hommes, tandis que toute la partie droite est réservée aux femmes.

L'église, quand j'arrive, est déjà bondée de Chinois et de Chinoises agenouillés, à tout touche, et fredonnant ensemble à mi-voix une sorte de mélopée ininterrompue, comme le bourdonnement d'une ruche immense. On sent fortement le parfum du musc, dont toutes les robes de coton ou de soie sont imprégnées, et aussi une intolérable odeur de race jaune qui ne se peut définir. Devant moi, jusqu'au fond de l'église, des hommes à genoux, tête baissée; des dos par centaines, sur lesquels pendent les longues queues. Du côté des femmes, ce sont des soies vives, une violente bigarrure de couleurs; des chignons lisses et noirs comme de l'ébène vernie, piqués de fleurs et d'épingles d'or.—Et tout ce monde chante, presque à bouche fermée, comme en rêve. Le recueillement est visible, et il est touchant, malgré l'extrême drôlerie des personnages; vraiment ces gens-là prient, et semblent le faire avec humilité, avec ferveur.

Maintenant, voici le spectacle pour lequel j'avoue que j'étais venu: la sortie de la messe,—une occasion unique de voir quelques-unes des belles dames de Pékin, car elles ne se montrent point dans les rues, où ne circulent que les femmes de basses classes.

Et elles étaient bien là deux ou trois cents élégantes, qui commencent de sortir l'une après l'autre avec lenteur, sur leurs pieds trop petits et leurs chaussures trop hautes. Oh! les étranges minois fardés et les étranges atours, émergeant à la file par la porte étroite. Ces coupes de pantalons, ces coupes de tuniques, ces recherches de formes et de couleurs, tout cela doit être millénaire comme la Chine,—et combien c'est loin de nous! on dirait des poupées d'un autre âge, d'un autre monde, échappées des vieux paravents ou des vieilles potiches, pour prendre réalité et vie sous ce beau soleil d'un matin d'avril. Il y a des dames chinoises aux orteils déformés, aux invraisemblables petits souliers pointus; pointus aussi, leurs catogans tout empesés et tout raides, qui se relèvent sur leurs nuques comme des queues d'oiseau. Il y a des dames tartares, de cette aristocratie spéciale qu'on appelle «les huit bannières»; elles ont les pieds naturels, celles-ci, mais leurs mules brodées posent sur des talons plus hauts que des échasses, leur chevelure est étendue, dévidée comme un écheveau de soie noire, sur une longue planchette qu'elles placent en travers, derrière leur tête, et qui leur fait deux cornes horizontales, avec une fleur artificielle à chaque bout.

Peintes à la façon des têtes de cire chez les coiffeurs, bien blanches avec un petit rond bien rose au milieu de chaque joue, on sent qu'elles s'arrangent ainsi par étiquette, par convenance, sans viser le moins du monde à l'illusion.

Elles causent, elles rient discrètement; elles mènent par la main des bébés adorables, qui ont été sages à la messe comme des petits chats en porcelaine, et qu'elles ont coiffés, attifés avec un art tout à fait comique. Beaucoup sont jolies, très jolies même; presque toutes ont l'air réservé, l'air décent, l'air comme il faut.

Et cette sortie a lieu tranquillement, avec des apparences de paix et de joie, dans la pleine sécurité de ces entours, qui furent, il y a si peu de temps, un lieu de massacre et d'horreur. Les portes des enclos sont grandes ouvertes et une avenue toute neuve, bordée de jeunes arbres, est tracée au travers de ces ruines, qui furent récemment un charnier de cadavres. Quantité de charrettes chinoises, aux belles housses de soie ou de coton bleu, sont là qui attendent, sur leurs roues pesantes ornées de cuivre, et toutes les poupées, avec mille cérémonies, y prennent place, s'en vont comme on s'en va d'une fête... Une fois de plus, les chrétiens de la Chine ont gain de cause et ils triomphent librement—jusqu'à la tuerie prochaine.
A deux heures aujourd'hui, suivant la coutume des dimanches, la musique de l'infanterie de marine se met à jouer dans la cour du quartier général,—dans la cour de ce pal
ais du Nord, que j'avais connue remplie de débris étranges et magnifiques, sous le vent glacé d'automne, et qui est à présent si bien déblayée, si bien ratissée, avec un commencement de verdure d'avril aux branches de ses petits arbres.

Il est plutôt triste, ce semblant de dimanche français. Le sentiment de l'exil, que l'on ne perd jamais ici, est avivé plutôt par cette pauvre musique presque sans auditeurs, où ne viennent point de femmes parées ni de bébés joyeux, mais seulement deux ou trois groupes de soldats flâneurs, et quelques malades ou blessés de notre hôpital, aux jeunes figures pâlies, l'un traînant la jambe, l'autre s'appuyant sur une béquille.

Et toutefois on se sent aussi un peu chez nous par instants, autour de cette musique-là; ce va-et-vient de zouaves, de troupiers d'infanterie de marine et de bonnes Soeurs arrive à figurer comme un petit coin de France. Et puis, au-dessus des galeries vitrées, qui encadrent de leurs colonnettes et de leur exotisme cette cour du quartier, monte la flèche gothique de l'église proche, avec un grand drapeau tricolore qui flotte au sommet, bien haut dans le ciel bleu, dominant tout, et protégeant notre petite patrie ici improvisée, au milieu de ce repaire des empereurs de Chine.

Quel changement dans ce palais du Nord, depuis mon passage de l'automne dernier!

En dehors de la partie réservée au général et à ses officiers, toutes les galeries, toutes les dépendances sont devenues des salles d'hôpital pour nos soldats; cela convenait d'ailleurs merveilleusement à un tel usage, ces corps de logis séparés les uns des autres par des cours et élevés sur de hautes assises en granit. Il y a là maintenant près de deux cents lits pour nos pauvres malades, qui y sont installés à ravir, ayant de l'air et de la lumière à discrétion, grâce à tous les vitrages de ces fantaisistes palais. Et les braves Soeurs en cornette blanche trottent menu de côté et d'autre, colportant les potions, les linges bien propres—et les bons sourires.

Le petit parloir de la supérieure—une vieille fille au fin visage desséché qui vient de recevoir la croix devant le front de nos troupes rangées, pour avoir été constamment admirable pendant le siège—son petit parloir badigeonné à la chaux est tout à fait typique et charmant, avec ses six chaises chinoises, sa table chinoise, ses deux aquarelles chinoises de fleurs et de fruits pondues aux murs (toutes choses choisies parmi ce qu'il y avait de plus modeste et de plus discret dans les réserves sardanapalesques de l'Impératrice); et la grande Vierge de plâtre qui y trône à la place d'honneur est entre deux potiches remplies de lilas blanc.

Les lilas blancs! Il y en a de magnifiques touffes fleuries, dans tous les jardins murés de ce palais; eux seuls indiquent joyeusement ici l'avril, le vrai renouveau sous ce déjà brûlant soleil,—et c'est, comme on pense, une aubaine pour les bonnes Soeurs, qui en font de véritables bosquets à leurs Vierges et à leurs saintes, sur leurs petites chapelles naïves.

Tous ces logis de mandarins ou de jardiniers, qui s'en vont là-bas jusque sous les arbres, je les avais connus en plein désarroi, encombrés de dépouilles étranges, d'immondices inquiétantes, et empestant le cadavre: à présent je les retrouve bien nets, bien blanchis à la chaux, n'ayant plus rien de funèbre; les religieuses y ont passé, établissant ici une buanderie, là une cuisine où l'on fait de la bonne soupe pour les convalescents, ailleurs une lingerie où des piles de draps et de chemises pour les malades sentent bon la lessive et sont bien en ordre sur des étagères garnies de papier immaculé...

Du reste, je suis comme le plus simple de nos matelots ou de nos soldats: très enclin à me laisser réconforter et charmer rien que par la vue d'une cornette de bonne Soeur. C'est sans doute une lacune regrettable de mon imagination, mais je vibrerais certainement moins devant le chignon d'une infirmière laïque...

Hors de notre quartier général, le dimanche, en ces temps inouïs pour Pékin, est marqué par la quantité de soldats de toutes armes qui circulent dans les rues.

On a partagé la ville en zones, confiées chacune à l'un des peuples envahisseurs, et on ne voisine guère d'une zone à l'autre; les officiers quelquefois, les soldats presque jamais. Par exception, les Allemands viennent un peu chez nous, et nous chez eux,—puisque l'un des résultats les plus indéniables de cette guerre aura été d'établir une sympathie entre les hommes des deux armées; mais là se bornent les relations internationales de nos troupes.

La partie de Pékin dévolue à la France, et qui a plusieurs kilomètres de tour, est celle que les Boxers pendant le siège avaient le plus détruite, celle qui renfermait le plus de ruines et de solitudes, mais celle aussi où la vie et la confiance ont le plus tôt reparu. Nos soldats sont ceux qui fusionnent le plus gentiment avec les Chinois, les Chinoises, même les bébés chinois. Dans tout ce monde-là, ils se sont fait des amis, et cela se voit de suite à la façon dont on vient à eux familièrement, au lieu de les fuir.

Dans ce Pékin français, la moindre maisonnette à présent a planté sur ses murs un petit pavillon tricolore comme sauvegarde. Beaucoup de gens ont même collé sur leur porte un placard de papier blanc, dû à l'obligeance de quelqu'un de nos troupiers, et sur lequel on lit en grosses lettres d'écriture enfantine: «Nous sommes des Chinois protégés français», ou bien: «Ici, c'est tout Chinois chrétiens.»

Et le moindre bébé en robe, ou tout nu coiffé d'un ruban et d'une queue, a appris à nous faire en souriant le salut militaire quand nous passons.

Au coucher du soleil, les soldats rentrent, les casernes se ferment.
Silence et obscurité partout.
Nuit particulièrement noire aujourd'hui. Vers dix heures, je sors du quartier avec un de mes camarades de l'armée de terre. Une lanterne à la main, nous nous en allons dans le dédale sombre, hélés d'abord çà et là par des sentinelles, puis ne rencontrant plus personne que des chiens effarés, et traversant des ruines, des cloaques, d'ignobles ruelles qui sentent la mort.

Une maison d'aspect très louche est le terme de notre course... Les veilleurs de la porte, qui étaient aux aguets, nous annoncent par un long cri sinistre, et nous nous enfonçons dans une série de détours et de couloirs obscurs. Plusieurs petites chambres, basses de plafond, trop encloses, étouffantes, qu'éclairent de vagues lampes fumeuses; elles ne sont meublées que d'un divan et d'un fauteuil; l'air irrespirable y est saturé d'opium et de musc. Et le patron, la patronne ont bien l'embonpoint et la bonhomie patriarcale qui cadrent avec une telle demeure.

Je prie cependant que l'on ne s'y trompe pas: c'est ici une maison de chant (une des plus vieilles institutions chinoises, tendant à disparaître), et on n'y vient que pour entendre de la musique, dans des nuages de fumée endormeuse.

Avec hésitation, nous prenons place dans une des chambres étroites, sur un matelas rouge, sur des coussins rouges, dont les broderies représentent naturellement des bêtes horribles. La propreté est douteuse et l'excès des senteurs nous gêne. Aux murs tendus de papier, des aquarelles représentent des sages béatifiés parmi des nuées. Dans un coin, une vieille pendule allemande, qui doit habiter Pékin depuis au moins cent ans, bat son tic tac au timbre grêle. On dirait que, dès l'arrivée, notre esprit s'enténèbre au milieu de tant de lourds rêves d'opium qui ont dû éclore sur ce divan, puis rester captifs sous les solives de l'écrasant plafond noir.—Et c'est ici un lieu de fête élégante pour Chinois, un lieu réservé où, avant la guerre, aucun Européen, à prix d'or, n'aurait pu être admis.

Repoussant les longues pipes empoisonnées que l'on nous offre, nous allumons des cigarettes turques, et la musique commence.

C'est d'abord un guitariste qui se présente, un guitariste merveilleux comme il ne s'en trouve qu'à Grenade ou à Séville. Il fait pleurer sur ses cordes des chants d'une tristesse infinie.

Après, pour nous amuser, il imite, toujours sur sa même guitare, le bruit d'un régiment français qui passe: les tambours en sourdine et notre «Marche des zouaves» qui semble sonnée par des clairons dans le lointain.

Paraissent enfin trois petites bonnes femmes, pâlottes et grasses, qui vont nous faire entendre des trios plaintifs, avec des vocalises en mineur dont la tristesse convient aux rêves de la fumée noire. Mais, avant de chanter, l'une des trois, qui est l'étoile, une bizarre petite créature très parée, avec une tiare comme une déesse, en fleurs en papier de riz, s'avance vers moi sur la pointe de ses pieds martyrisés, me tend la main à l'européenne, disant en français, d'un accent un peu créole et non sans une certaine aisance distinguée:

—Bonsoir, colonel!...

Et c'était bien la dernière des choses que j'attendais! Vraiment, l'occupation de Pékin par nos troupes françaises aura été féconde en résultats imprévus...

Lundi 22 avril.

Mon voyage aux tombeaux des Empereurs tarde à s'organiser. Les réponses arrivées au quartier général disent que le pays est moins sûr depuis quelques jours, des bandes de Boxers ayant reparu dans la province, et on attend de nouveaux renseignements pour me laisser partir.

Et je suis allé revoir, à l'ardent soleil printanier d'aujourd'hui, l'horreur des cimetières chrétiens violés par les Chinois.

Le bouleversement y est demeuré pareil, c'est toujours le même chaos de marbres funéraires, d'emblèmes mutilés, de stèles renversées. Les quelques débris humains que les Boxers n'avaient pas eu le loisir de broyer avant leur déroute traînent aux mêmes places; aucune main pieuse n'a osé les ensevelir à nouveau, car, suivant les idées chinoises, ce serait accepter l'injure subie que de les remettre en terre: jusqu'au jour des réparations complètes, ils doivent rester là pour crier vengeance. Rien n'est changé dans ce lieu d'abomination, sauf qu'il ne gèle plus, sauf que le soleil brûle, et que, çà et là, sur le sol poudreux, fleurissent des pissenlits jaunes ou des giroflées violettes.

Quant aux grands puits béants que l'on avait comblés avec des cadavres de torturés, le temps a commencé d'y faire son oeuvre: les martyrs se sont desséchés; le vent a jeté sur eux de la terre et de la poussière; ils ne forment plus qu'un même et compact amas grisâtre, duquel cependant s'élèvent encore des mains, des pieds, des crânes.

Mais, dans l'un de ces puits, sur cette sorte de croûte humaine qui monte à un mètre environ du sol, gît le cadavre d'un pauvre bébé chinois, vêtu d'une petite chemise déchirée et emmailloté d'un morceau de laine rouge;—un cadavre tout frais et peut-être à peine raidi. C'est une petite fille sans doute, car pour les filles seulement, les Chinois ont de ces dédains atroces; nos bonnes Soeurs, le long des chemins, en ramassent ainsi tous les jours,—qu'on a jetées sur des tas de fumier et qui respirent encore. Celle-ci, probablement, a été lancée avant d'être morte,—soit qu'elle fût malade, mal venue, ou de trop dans la famille. Elle gît sur le ventre, les bras en croix, terminés par des menottes de poupée. Le nez, d'où le sang a jailli, est collé sur les débris affreux; un duvet de jeune moineau couvre sa nuque où se promènent les mouches.

Pauvre petite créature, dans son lambeau de laine rouge, avec ses menottes étendues! Pauvre petit visage caché que personne ne retournera jamais, pour le regarder encore, avant la décomposition dernière!...

VII

VERS LES TOMBEAUX DES EMPEREURS

I

Vendredi 26 avril.

C'est enfin aujourd'hui mon départ pour ce bois sacré qui renferme les sépultures impériales.

A sept heures du matin, je quitte le palais du Nord, emmenant mes serviteurs de l'automne dernier, Osman et Renaud, plus quatre chasseurs d'Afrique et un interprète chinois. Nous partons à cheval, sur nos bêtes choisies pour le voyage et qui prendront le chemin de fer avec nous.

D'abord deux ou trois kilomètres à travers Pékin, dans la belle lumière matinale, par les grandes voies magnifiquement désolées, celles des cortèges et des empereurs, par les triples portes rouges, entre les lions de marbre et les obélisques de marbre, jaunis comme de vieux ivoires.

Maintenant, la gare,—et c'est en pleine ville, au pied de la muraille de la deuxième enceinte, puisque les barbares d'Occident ont osé commettre ce sacrilège, de crever les remparts pour faire passer leurs machines subversives.

Embarquement de mes hommes et de mes chevaux. Puis le train file à travers les dévastations de la «Ville chinoise», et longe pendant trois ou quatre kilomètres la colossale muraille grise de la «Ville tartare», qui ne finit plus de se dérouler toujours pareille, avec ses mêmes bastions, ses mêmes créneaux, sans une porte, sans rien qui repose de sa monotonie et de son énormité.

Une brèche dans l'enceinte extérieure nous jette enfin au milieu de la triste campagne.

Et c'est, pendant trois heures et demie, un voyage à travers la poussière des plaines, rencontrant des gares détruites, des décombres, des ruines. D'après les grands projets des nations alliées, cette ligne, qui va actuellement jusqu'à Pao-Ting-Fou, devra être prolongée de quelques centaines de lieues, de façon à réunir Pékin et Hankéou, les deux villes monstres; elle deviendrait ainsi une des grandes artères de la Chine nouvelle, semant à flots sur son passage les bienfaits de la civilisation d'Occident...

A midi, nous mettons pied à terre devant Tchou-Tchéou, une grande ville murée, dont on aperçoit, comme dans un nuage de cendre, les hauts remparts crénelés et les deux tours à douze étages. On se reconnaît à peine à vingt pas, comme par les temps très brumeux du Nord, tant il y a de poussière en suspens partout, sous un soleil terni et jaunâtre, dont la réverbération est cependant accablante.

Le commandant et les officiers du poste français qui occupe Tchou-Tchéou depuis l'automne ont eu la bonté de venir au-devant de moi et m'emmènent déjeuner à leur table, dans la quasi fraîcheur des grandes pagodes un peu obscures où ils sont installés avec leurs hommes. En effet, me disent-ils, la route des tombeaux[4], qui semblait dernièrement si sûre, l'est moins depuis quelques jours; il y a par là, en maraude, une bande de deux cents Boxers qui est venue hier attaquer un des grands villages par où je passerai, et on s'est battu toute la matinée,—jusqu'à l'apparition du détachement français envoyé au secours des villageois, qui a fait envoler les Boxers comme une compagnie de moineaux.

[Note 4: Il s'agit ici non pas des tombeaux des Mings, qui ont été explorés depuis de longues années par tous les Européens de passage à Pékin, mais des tombeaux des empereurs de la dynastie actuelle, dont les abords mêmes avaient toujours été interdits.]

—Deux cents Boxers, reprend le commandant du poste en calculant dans sa tête, voyons, deux cents Boxers: il vous faut au moins dix hommes. Vous avez déjà six cavaliers; je vais, si vous le voulez, vous en ajouter quatre.

Je crois devoir faire alors quelques cérémonies, lui répondre que c'est trop, qu'il me comble. Et, sous le nez des bouddhas qui nous regardent déjeuner, voici que nous nous mettons à rire l'un et l'autre, frappés tout à coup par l'air d'extravagante fanfaronnade de ce que nous disons. En vérité, c'est de la force de:

Paraissez, Navarrois, Maures et Castillans...

Et cependant, dix hommes contre deux cents Boxers, c'est bien tout ce qu'il faut; ils ne sont tenaces et terribles que derrière des murs, ces gens-là; mais, en rase campagne!... Il est fort probable, du reste, que je n'en verrai pas la queue d'un; j'accepte cependant le renfort, quatre braves soldats qui seront ravis de venir là-bas à ma suite; j'accepte d'autant plus que mon passage va prendre ainsi aux yeux des Chinois les proportions d'une reconnaissance militaire, et que cela fera bon effet dans ce moment, paraît-il.

A deux heures, nous remontons à cheval, pour aller coucher à vingt-cinq kilomètres plus loin, dans une vieille ville murée qui s'appelle Laï-Chou-Chien.

(Les villes chinoises ont le privilège de ces noms-là; on sait qu'il en est une appelée Cha-Ma-Miaou, et une autre, une très grande, ancienne capitale, Chien-Chien.)

Et nous nous enfonçons, tout de suite disparus, dans le nuage poudreux que le vent chasse sur la plaine, l'immense et l'étouffante plaine. Il n'y a pas d'illusion à se faire, c'est le «vent jaune» qui s'est levé: un vent qui souffle, en général, par périodes de trois jours, ajoutant à la poussière de la Chine toute celle du désert mongol.

Point de routes, mais des ornières profondes, des sentiers en contre-bas de plusieurs pieds, qui n'ont pu se creuser ainsi que par la suite des siècles. Une campagne affreuse, qui depuis le commencement des temps subit des chaleurs torrides et des froids presque hyperboréens. Dans ce sol desséché, émietté, comment donc peuvent croître les blés nouveaux, qui font çà et là des carrés d'un vert bien frais, au milieu des grisailles infinies? Il y a aussi de loin en loin quelques maigres bouquets d'ormeaux et de saules, un peu différents des nôtres, mais reconnaissables cependant, garnis à peine de leurs premières petites feuilles. Monotonie et tristesse; pauvres paysages de l'extrême Nord, dirait-on, mais éclairés par un soleil d'Afrique, un soleil qui se serait trompé de latitude.

A un détour du chemin creux, une troupe de laboureurs qui nous voient tout à coup surgir s'effarent et jettent leurs bêches pour se sauver. Mais l'un d'eux les arrête en criant: «Fanko pink! (Français soldats!) Ce sont des Français, n'ayez pas peur!» Alors ils se courbent à nouveau sur la terre brûlante, continuent paisiblement leur travail, en nous regardant passer du coin de l'oeil.—Et leur confiance en dit déjà très long sur l'espèce un peu exceptionnelle de «barbares» que nos braves soldats ont su être, au cours de l'invasion européenne.

Ces quelques bouquets de saules, clairsemés dans les plaines, abritent presque tous, sous leur ombre très légère, des villages de cultivateurs: maisonnettes en terre et en briques grises; vieilles petites pagodes cornues, qui s'effritent au soleil. Avertis par des veilleurs, les hommes et les enfants, quand nous passons, sortent tous pour nous regarder en silence, avec des curiosités naïves: torses nus, très jaunes, très maigres et très musclés; pantalons en toujours pareille cotonnade bleu foncé. Par politesse, chacun déroule et laisse pendre sur son dos sa longue natte; la garder relevée en couronne serait une inconvenance à mon égard. Point de femmes, elles restent cachées. Avec la terreur en moins, ces gens doivent éprouver les mêmes impressions que jadis les paysans de la Gaule, lorsque passait avec son escorte quelque chef de l'armée d'Attila. En nous, tout les étonne, costumes, armes et visages. Même mon cheval, qui est un étalon arabe, doit leur sembler une grande bête élégante et rare, à côté de leurs tout petits chevaux à grosse tête ébouriffée.—Et les saules frêles, qui tamisent la lumière au-dessus de ces maisons, de ces minuscules pagodes, de ces existences primitives, sèment sur nous le duvet blanc de leur floraison, comme de petites plumes, de petites touffes d'ouate, qui tombent en pluie et se mêlent à l'incessante poussière.

Dans la plaine, qui recommence ensuite, unie et semblable, je me tiens à deux ou trois cents mètres en avant de ma petite troupe armée, pour éviter le surcroît de poussière que soulève le trot de ses chevaux; un nuage gris, derrière moi, quand je me retourne, m'indique qu'elle me suit toujours. Et le vent jaune continue de souffler; nous voici saupoudrés à tel point que nos cheveux, nos moustaches, nos uniformes sont devenus couleur de cendre.

Vers cinq heures apparaît en avant de nous cette vieille ville murée où nous devons passer la nuit. De loin, elle est presque imposante, au milieu de la plaine, avec ses hauts remparts crénelés, de couleur si sombre. De près, sans doute, elle ne sera que ruines, décrépitude, comme la Chine tout entière.

Un cavalier, traînant avec lui son inévitable petit nuage, accourt à ma rencontre: c'est l'officier commandant les cinquante hommes d'infanterie de marine qui, depuis le mois d'octobre, occupent Laï-Chou-Chien. Il m'apprend que le général a eu la très aimable pensée de me faire annoncer comme l'un des grands mandarins de lettres d'Occident: alors le mandarin de la ville va sortir au-devant de moi avec un cortège, et il a convoqué les villages voisins pour une fête qu'il me prépare.

En effet, le voici ce cortège, qui débouche là-bas des vieilles portes croulantes, avec des emblèmes rouges, des musiques, et s'avance dans les champs désolés.

Maintenant il s'arrête pour m'attendre, rangé sur deux files de chaque côté du chemin. Et, suivant le cérémonial millénaire, un personnage s'en détache, un serviteur du mandarin, chargé de me présenter, à cinquante pas en avant, un large papier rouge qui est la carte de visite de son maître. Il attend lui-même, le mandarin craintif, descendu par déférence de sa chaise à porteurs, et debout avec les gens de sa maison. Ainsi qu'on me l'a recommandé, je lui tends la main sans mettre pied à terre; après quoi, dans les tourbillons de la poussière grise, nous nous acheminons ensemble vers les grands murs, suivis de mes cavaliers, et précédés du cortège d'honneur, avec ses musiques et ses emblèmes.

En tête, deux grands parasols rouges entourés de soies retombantes comme des dais de procession; ensuite, un fantastique papillon noir, large comme un hibou éployé, qu'un enfant tient au bout d'une hampe; ensuite encore, sur deux rangs, les bannières, puis les cartouches, en bois laqué rouge, inscrits de lettres d'or. Et, dès que nous sommes en marche, les gongs commencent de sonner lugubrement, à coups espacés comme pour un glas, tandis que les hérauts, par de longs cris, annoncent mon arrivée aux habitants de la ville.

Voici devant nous la porte, qui semble une entrée de caverne; de chaque côté, cinq ou six petites cages de bois sont accrochées, chacune emprisonnant une espèce de bête noire qui ne bouge pas au milieu d'un essaim de mouches, dont on voit la queue passer à travers les barreaux, pendre au dehors comme une chose morte. Qu'est-ce que ça peut être, pour se tenir ainsi roulé en boule et avoir la queue si longue? Des singes?... Ah! horreur! ce sont des têtes coupées! Chacune de ces gentilles cages contient une tête humaine, qui commence à noircir au soleil, et dont on a déroulé à dessein les grands cheveux nattés.

Nous nous engouffrons dans la porte profonde, accueillis par le rictus des inévitables vieux monstres de granit, qui, à droite et à gauche, dressent leurs grosses têtes aux yeux louches. Pour me voir passer, des gens immobiles sont plaqués contre les parois de ce tunnel, à tout touche, grimpés les uns sur les autres: des nudités jaunes, des haillons de coton bleu, de vilaines figures. La poussière emplit et obscurcit ce passage voûté, où nous nous pressons, hommes et chevaux, dans l'enveloppement d'un même nuage.

Et nous voici entrés dans de la vieille Chine provinciale, tout à fait arriérée et ignorée...

II

Ruines et décombres, au dedans de ces murs, ainsi que je m'y attendais, non par la faute des Boxers ni des alliés, car la guerre n'a point passé par là, mais par suite du délabrement, de la tombée en poussière de toute cette Chine, notre aînée de plus de trente siècles.

Et le gong, en avant de moi, continue de sonner lugubrement à coups espacés, et les hérauts continuent de m'annoncer au peuple par de longs cris, dans les petites rues poudreuses, sous le soleil encore brûlant du soir. On aperçoit des terrains vagues, des champs ensemencés. Et çà et là des monstres en granit, frustes, informes, à demi enfouis, la grimace usée par les ans, indiquent où furent jadis des entrées de palais.

Devant une porte que surmonte un pavillon tricolore, mon cortège s'arrête et je mets pied à terre. Là, depuis sept ou huit mois, sont casernés nos cinquante soldats d'infanterie de marine, qui viennent de passer à Laï-Chou-Chien tout un long hiver, séparés du reste du monde par des neiges, par des steppes glacés, et menant une sorte d'existence de Robinsons, au milieu d'ambiances pour eux si déroutantes.

C'est une surprise et une joie d'arriver parmi eux, de retrouver ces braves figures de chez nous, après tous ces bonshommes jaunes qui se pressaient sur la route, dardant leurs petits yeux énigmatiques, et ce quartier français est comme un coin de vie, de gaieté et de jeunesse au milieu de la vieille Chine momifiée.

On voit que l'hiver a été salubre pour nos soldats, car ils ont la santé aux joues. Et ils se sont organisés d'ailleurs avec une ingéniosité comique et un peu merveilleuse, créant des lavoirs, des salles de douches, une salle d'école pour apprendre le français aux petits Chinois, et même un théâtre. Vivant en intime camaraderie avec les gens de la ville, qui bientôt ne voudront plus les laisser partir, ils cultivent des jardins potagers, élèvent des poules, des moutons, des petits corbeaux à la becquée,—voire des bébés orphelins.

Il est convenu que je dois aller dormir chez le mandarin, après avoir soupé au poste français. Et à neuf heures, des lanternes de parade, très chinoisement peinturlurées, grandes comme des tonneaux, viennent me chercher pour me conduire au «yamen».

C'est toujours d'une profondeur sans fin les «yamen» chinois. Dans la nuit fraîche, entre des monstres de pierre, entre des serviteurs rangés en haie, je franchis aux lanternes une enfilade de deux cents mètres de cours, et combien de portiques en ruine, de péristyles aux marches branlantes, avant d'atteindre le logis poussiéreux et vermoulu que le mandarin me destine: un bâtiment séparé, au milieu d'une sorte de préau, parmi de vieux arbres aux troncs difformes. J'ai là, sous des solives enfumées, une grande salle blanchie à la chaux, contenant au milieu, sur une estrade, des sièges comme des trônes; ailleurs de lourds fauteuils d'ébène, et, pour orner les murs, quelques rouleaux de soie éployés, sur lesquels des poésies sont inscrites en caractères mandchoux. Dans l'aile de gauche, une chambrette pour mes deux serviteurs; dans l'aile de droite, une pour moi, avec des carreaux en papier de riz, un très dur couchage sur une estrade et sous des couvertures de soie rouge, enfin un brûle-parfum où se consument des baguettes d'encens. Tout cela est campagnard, naïf et suranné aussi, vieillot même en Chine.

Mon hôte timide, en costume de cérémonie, m'attendait devant la porte et me fait prendre place avec lui sur les trônes du milieu, pour m'offrir le thé obligatoire, dans des porcelaines de cent ans. Puis, avec discrétion, il se hâte de lever la séance et de me souhaiter bonne nuit. En se retirant, il m'invite à ne pas m'inquiéter si j'entends beaucoup de va-et-vient dans mon plafond: il est hanté par les rats. Je ne devrai pas m'inquiéter non plus, si j'entends, derrière mes carreaux de papier, des personnes se promener dans le préau en jouant du claquebois: ce seront les veilleurs de nuit, m'informant ainsi qu'ils ne dorment point et font bonne garde.

—Il y a beaucoup de brigands dans le pays, ajouta-t-il; cependant la cité, si haut murée, ferme ses portes au coucher du soleil; mais des laboureurs, pour aller aux champs avant le jour, ont pratiqué un trou dans les remparts, et les brigands, qui, hélas! en ont eu connaissance, ne se font point faute d'entrer par là.

Et quand il est parti, le mandarin aux longues révérences, quand je suis seul dans l'obscurité de ce logis, au coeur de la ville isolée dont les portes sont garnies de têtes humaines dans des cages, je me sens infiniment loin, séparé du monde qui est le mien par des espaces immenses, et aussi par des temps, par des âges; il me paraît que je vais m'endormir au milieu d'une humanité en retard d'au moins mille ans sur la nôtre.

Samedi 27 avril.

Des chants de coqs, des chants de petits oiseaux sur mon toit m'éveillent dans la vieille chambre étrange, et, à travers le tamisage des carreaux de papier, je devine que le chaud soleil rayonne au dehors.

Osman et Renaud, levés avant moi, viennent alors m'avertir que l'on fait en hâte de grands préparatifs dans les cours du yamen pour me donner une fête,—une fête du matin, puisque je dois remonter à cheval et continuer ma route vers les sépultures impériales aussitôt après le repas de midi.

Cela commence vers neuf heures. A l'ombre d'un portique, dont les boiseries ébauchent des figures grimaçantes, je suis assis dans un fauteuil, à côté du mandarin qui semble effondré sous ses robes de soie. Devant moi, au soleil étincelant, c'est l'enfilade des cours, des autres portiques en silhouettes biscornues et des vieux monstres sur leurs socles. La foule chinoise—toujours les hommes seulement, bien entendu—est là assemblée, dans ses éternels haillons de coton bleu. Le «vent jaune», qui s'était apaisé la nuit, suivant son habitude, recommence de souffler et de blanchir le ciel de poussière. Et les acacias, les saules monotones, qui sont à peu près les seuls arbres répandus dans cette Chine du Nord, montrent çà et là de vieilles ramures grêles, aux petites feuilles à peine écloses, d'un vert encore tout pâle.

Voici d'abord le défilé très lent, très lent d'une musique: beaucoup de gongs, de cymbales, de clochettes, sonnant en sourdine; la mélodie est comme chantée par un mélancolique, et doux, et persistant unisson de flûtes,—de grandes flûtes au timbre grave, dont quelques-unes ont des tuyaux multiples et ressemblent à des gerbes de roseaux. C'est berceur et lointain, exquis à entendre.

Les musiciens maintenant s'asseyent près de nous, en cercle, pour mener la fête. Le rythme tout à coup change, s'accélère; les sonnettes s'agitent, les gongs battent plus fort, et cela devient une danse. Alors, de là-bas, du recul des cours et des vieux portiques, dans la poussière qui s'épaissit, on voit, au-dessus des têtes de la foule, arriver en dansant une troupe de personnages qui ont deux fois la taille humaine, et qui se dandinent, qui se dandinent en mesure, et qui jouent du sistre, qui s'éventent, qui se démènent d'une façon exagérée, névrosée, épileptique... Des géants? Des pantins? Qu'est-ce que ça peut bien être?... Cependant ils arrivent très vite, avec leurs grandes enjambées sautillantes, et les voici devant nous... Ah! des échassiers! Des échassiers prodigieux, plus haut perchés sur leurs jambes de bois que des bergers landais, et bondissant comme de longues sauterelles. Et ils sont costumés, grimés, peints, fardés; ils ont des perruques, de fausses barbes; ils représentent des dieux, des génies tels qu'on en voit dans les vieilles pagodes; ils représentent des princesses aussi, ayant de belles robes de soie brodée, ayant des joues trop blanches et trop roses, et des fleurs artificielles piquées dans le chignon; des princesses tout en longueur, qui s'éventent d'une façon exagérée, en se dandinant toujours, ainsi que la troupe entière, d'un même mouvement régulier, incessant, obsédant comme celui des balanciers de pendule.

Or ces échassiers, paraît-il, sont tout simplement les jeunes garçons d'un village voisin, de braves petits campagnards, formés en société de gymnastique et qui font cela pour s'amuser. Dans les moindres villages de la Chine intérieure, bien des siècles, des millénaires avant que la coutume en soit venue chez nous, les garçons, de père en fils, ont commencé de s'adonner passionnément aux jeux de force ou d'adresse, de fonder des sociétés rivales, les unes d'acrobates, les autres d'équilibristes ou de jongleurs, et d'organiser des concours. C'est pendant les longs hivers surtout qu'ils s'exercent, quand tout est glacé et que chaque petit groupement humain doit vivre seul, au milieu d'un désert de neige.

En effet, malgré les perruques blanches et les vieilles barbes de centenaire, on voit que tout ce monde est jeune, très jeune, avec des sourires enfantins. Elles sourient naïvement, les princesses gentilles et drôles, aux trop longues jambes, qui ont des mouvements si excités d'éventails, et qui dansent, de plus en plus dégingandées, qui se cambrent, qui se renversent, dodelinant de la tête et du torse avec frénésie. Ils sourient naïvement, les vieillards qui ont des figures d'enfant, et qui battent du sistre ou du tambourin comme des possédés. L'unisson persistant des flûtes semble à la longue les ensorceler, les mettre dans un état spécial de démence qui se traduit par l'excès du tic des ours...

A un signal, les voici chacun sur une seule jambe, sur une seule échasse, l'autre jambe relevée, l'autre échasse rejetée sur l'épaule, et, par des prodiges d'équilibre, ils dansent tout de même, ils se dandinent tout de même, plus que jamais, comme des marionnettes dont les ressorts s'affolent, dont le mécanisme va sûrement se détraquer. On apporte alors, en courant, des barrières de deux mètres de haut, et ils les sautent, à cloche-pied, tous, princesses, vieillards ou génies, sans cesser leurs jeux d'éventail ni leurs batteries de tambourin.

Quand enfin, n'en pouvant plus, ils vont s'adosser aux portiques, aux vieux acacias, aux vieux saules, une autre bande toute pareille, sur des jambes aussi longues (les garçons d'un autre village), arrive du fond des cours, en se dandinant, et recommence, sur le même air, une danse semblable; ils reproduisent les mêmes personnages, les mêmes génies, les mêmes dieux à longue barbe, les mêmes belles dames minaudières: dans leurs accoutrements pour nous si inconnus, avec leurs figures si bizarrement grimées, ces danseurs incarnent des rêves mythologiques bien anciens, faits autrefois, dans la nuit des âges, par une humanité infiniment distante de la nôtre,—et tout cela, de génération en génération, se transmet partout le pays d'une manière inchangeable, ainsi que se transmettent toujours, en Chine, les rites, les formes et les choses.

Du reste, dans son étrangeté extrême, cette fête, cette danse demeure très villageoise, très campagnarde, naïve comme un divertissement de laboureurs.

Ils ont fini de sauter leurs barrières. Et à présent on voit poindre, du même là-bas toujours, deux épouvantables bêtes qui marchent de front, une bête rouge et une bête verte. Ce sont deux grands dragons héraldiques, longs d'au moins vingt mètres, dressant la tête, la gueule béante, ayant ces horribles yeux louches, ces cornes, ces griffes que chacun sait. Cela s'avance très vite, comme courant et se tordant au-dessus des épaules de la foule, avec des ondulations de reptile... Mais c'est tout léger, en carton, en étoffe tendue sur des cercles, chaque bête supportée en l'air, au bout de bâtons, par une douzaine de jeunes hommes très exercés, qui savent, par des trucs subtils, donner à l'ensemble l'allure des serpents. Et une sorte de maître de ballet les précède, tenant en main une boule que les porteurs ne perdent pas de vue et dont il se sert, comme un chef d'orchestre de sa baguette, pour guider le tortillement des deux monstres.

D'abord les deux grandes bêtes se contentent de danser devant moi, au son des flûtes et des gongs, dans le cercle de la foule chinoise qui s'est élargi pour leur faire place. Ensuite cela devient tout à fait terrible: elles se battent, tandis que les gongs et les cymbales font rage. Elles s'emmêlent, elles s'enroulent l'une à l'autre, ayant l'air de s'étreindre; on les voit traîner leurs longs anneaux dans la poussière, et puis tout à coup, d'un bond, elles se redressent, comme cabrées, les deux énormes têtes se faisant face, avec un tremblement de fureur. Et le maître de ballet, agitant sa boule directrice, se démène et roule des yeux féroces.

Et la poussière s'épaissit sur la foule, sur les porteurs qu'on ne voit plus; la poussière se lève en nuage, rendant à demi fantastique cette bataille de la bête rouge et de la bête verte. Le soleil brûle comme en pays tropical, et cependant le triste avril chinois, anémié par tant de sécheresse après l'hiver de glace, s'indique à peine ici par la nuance très tendre des quelques petites feuilles apparues aux vieux saules, aux vieux acacias de cette cour...

Après le déjeuner, des mandarins de la plaine, précédés de musiques, arrivent des villages, m'apportent des offrandes pastorales: des paniers de raisins conservés, des paniers de poires, des poules vivantes dans des cages, une jarre de vin de riz. Ils sont coiffés du bonnet officiel d'hiver à plume de corbeau et vêtus de robes de soie sombre, avec, sur le dos et sur la poitrine, un carré de broderie d'or—au milieu duquel est figurée, parmi des nuages, une toujours invariable cigogne s'envolant vers la lune. Presque tous, vieillards desséchés, à barbiche grise, à moustache grise qui retombe. Et, avec eux, ce sont de grands tchinchins, de grandes révérences, de grands compliments; des poignées de main où l'on se sent comme griffé par des ongles trop longs, emmanchés de vieux doigts maigres.

A deux heures, je remonte à cheval, avec mes hommes et je m'en vais à travers les décombres des rues, précédé du même cortège qu'à l'arrivée, les gongs sonnant en glas et les hérauts poussant leurs cris. Derrière moi, suit le mandarin de céans dans sa chaise à porteurs, suivent les compagnies d'échassiers et les deux dragons monstrueux.

Au sortir de la ville, dans le tunnel profond des portes, où la foule est déjà assemblée pour me voir, tout cela s'engouffre avec nous, les princesses aux enjambées de trois mètres, les dieux qui jouent du sistre ou du tambourin, et la bête rouge, et la bête verte. Sous la voûte demi-obscure, au fracas de tous les sistres et de tous les gongs, dans des envolées de poussière noirâtre qui vous aveugle, c'est une mêlée compacte, où nos chevaux se traversent et bondissent, troublés par le bruit, affolés par les deux épouvantables monstres qui ondulent au-dessus de nos têtes...

Après nous avoir reconduits à un quart de lieue des murs, ce cortège enfin nous quitte.

Et nous retrouvons le silence,—dans la plaine brûlante où nous avons à faire vingt kilomètres environ à travers la poussière et le «vent jaune» pour atteindre Y-Tchéou, une autre vieille ville murée qui sera notre étape de ce soir.

Demain seulement, nous arriverons aux tombeaux.

III

La plaine ressemble à celle d'hier, plus verte cependant et un peu plus boisée. Les blés, semés en sillons comme les nôtres, poussent à miracle dans ce sol, qui semble fait de sable et de cendre. D'ailleurs, tout devient moins désolé à mesure qu'on s'éloigne de la région de Pékin pour s'élever, par d'insensibles pentes, vers ces grandes montagnes de l'Ouest, qui apparaissent de plus en plus nettes en avant de nous. Le «vent jaune» aussi souffle moins fort, et, dans les instants où il s'apaise, quand s'abat l'aveuglante poussière, on dirait les campagnes du nord de la France, avec ces sillons partout, ces bouquets d'ormeaux et de saules. On oublie qu'on est au fond de la Chine, sur l'autre versant du monde, on s'attend à voir, dans les sentiers, passer des paysans de chez nous... Mais les quelques laboureurs courbés vers la terre ont sur la tête de longues nattes relevées en couronnes, et leurs torses nus sont comme teints au safran.

Tout est paisible, dans ces champs inondés de soleil, dans ces villages bâtis à l'ombre légère des saules. En somme, les gens ici vivaient heureux, cultivant à la façon primitive le vieux sol nourricier, et régis par des coutumes de cinq mille ans. A part les exactions peut-être de quelques mandarins—et encore est-il beaucoup de mandarins débonnaires,—ces paysans chinois en étaient presque restés à l'âge d'or, et je ne me représente pas ce que seront pour eux les joies de cette «Chine nouvelle» rêvée par les réformateurs d'Occident. Jusqu'à ce jour, il est vrai, l'invasion ne les a guère troublés, ceux-ci; dans cette contrée que nous Français occupons seuls, nos troupes n'ont jamais eu d'autre rôle que de défendre les villageois contre les bandes de Boxers pillards; le labour, les semailles, tous les travaux de la terre ont été faits tranquillement en leur saison,—et il est impossible ne n'être pas frappé de la différence avec certaines autres contrées, que je ne puis trop désigner, où c'est le régime de la terreur et où les champs sont restés en friche, redevenus des steppes déserts.

Vers quatre heures et demie du soir, sur le fond découpé des montagnes qui commencent de beaucoup grandir à nos yeux, une ville nous apparaît comme hier, d'un premier aspect formidable avec ses hauts remparts crénelés. Comme hier aussi, un cavalier arrive au-devant de moi: le capitaine qui commande le poste d'infanterie de marine installé là depuis l'automne.

Des veilleurs, du haut des murs, nous avaient devinés de loin, au nuage de poussière soulevé par nos chevaux dans la plaine. Et, dès que nous approchons, nous voyons sortir des vieilles portes le cortège officiel qui vient à ma rencontre: mêmes emblèmes qu'à Laï-Chou-Chien, même grand papillon noir, mêmes parasols rouges, mêmes cartouches et mêmes bannières; tout cérémonial en Chine est réglé depuis des siècles par une étiquette invariable.

151

Mais les gens qui me reçoivent aujourd'hui sont beaucoup plus élégants et sans doute plus riches que ceux d'hier. Le mandarin, qui est descendu de sa chaise à porteurs pour m'attendre au bord de la route, après m'avoir fait remettre à cent pas de distance sa carte de visite sur papier écarlate, se tient au milieu d'un groupe de personnages en somptueuses robes de soie; lui-même est un grand vieillard distingué, qui porte à son chapeau la plume de paon et le bouton de saphir. Et la foule est énorme pour me voir faire mon entrée, au son funèbre du gong, aux longs gémissements des crieurs. Des figures garnissent le faîte des remparts, regardant entre les créneaux avec de petits yeux obliques, et jusque dans l'épaisseur des portes, il y a des bonshommes à torse jaune plaqués en double haie contre les parois. Mon interprète cependant me confesse qu'on est généralement déçu: «Si c'est un lettré, demandent les gens, pourquoi s'habille-t-il en colonel?» (On sait le dédain chinois pour le métier des armes.) Mon cheval seul relève un peu mon prestige; assez fatigué par la campagne, ce pauvre cheval d'Algérie, mais ayant encore du port de tête et du port de queue lorsqu'il se sent regardé, et surtout lorsque le gong résonne à ses oreilles.

Y-Tchéou, la ville où nous voici enfermés dans des murs de trente pieds de haut, contient encore une quinzaine de mille habitants, malgré ses espaces déserts et ses ruines. Et il y a grande affluence de monde sur notre parcours, dans les petites rues, devant les petites échoppes anciennes où s'exercent des métiers antédiluviens.

C'est d'ici même qu'est parti, l'année dernière, le terrible mouvement de haine contre les étrangers, c'est dans une bonzerie de la montagne voisine que la guerre d'extermination a été d'abord prêchée, et tous ces gens qui m'accueillent si bien ont été les premiers Boxers; ardemment ralliés pour l'instant à la cause française, ils décapitent volontiers ceux des leurs qui n'ont pas transigé et mettent les têtes dans ces petites cages dont les portes de leur ville sont garnies; mais, si le vent tournait demain, je me verrais déchiqueté par eux au son de ferraille de leurs mêmes gongs, et avec le même entrain qu'ils mettent à me recevoir.

Quand j'ai pris possession du logis qui m'est destiné, tout au fond de la résidence mandarine—au bout d'une interminable avenue de vieux portiques et de vieux monstres gardiens qui me montrent leurs crocs dans des sourires de tigre,—une demi-heure de jour me reste encore, et je vais faire visite à un jeune prince de la famille impériale, détaché à Y-Tchéou pour le service des vénérables tombeaux.

D'abord, la mélancolie de son jardin, par ce crépuscule d'avril. C'est entre des murs de briques grises; c'est très fermé, au milieu de la ville déjà si murée. Grises aussi, les rocailles dessinant les petits carrés, les petits losanges où fleurissent de larges pivoines rouges, violettes ou roses qui sont très odorantes, contrairement à celles de chez nous, et qui remplissent ce soir le triste enclos d'un excès de senteurs. Il y a aussi des rangées de petits bassins en porcelaine, où habitent de minuscules poissons monstres: poissons rouges ou poissons noirs, empêtrés dans des nageoires et des queues extravagantes qui leur font comme des robes à falbalas; poissons chez lesquels on est arrivé à produire, par je ne sais quelle mystérieuse culture, des yeux énormes et effrayants qui leur sortent de la tête comme ceux des dragons héraldiques. Les Chinois, qui torturent les pieds des femmes, déforment aussi les arbres pour qu'ils restent nains et bossus, les fruits pour qu'ils aient l'air d'animaux, et les animaux pour les faire ressembler aux chimères de leurs rêves.

Il fait déjà sombre dans l'appartement du prince, qui donne sur ce petit jardin de prison, et on n'y aperçoit d'abord en entrant qu'un flot de soies rouges: les longs baldaquins retombants de plusieurs «parasols d'honneur», ouverts et plantés debout sur des pieds en bois. Un air lourd, trop saturé d'opium et de musc. De profonds divans rouges, sur lesquels traînent des pipes d'argent, pour fumer ce poison dont la Chine est en train de mourir. Le prince, vingt ou vingt-deux ans, d'une laideur maladive avec deux yeux qui divergent, est parfumé à l'excès, et vêtu de soies tendres, dans des gammes qui vont du mauve au lilas.

Ce soir, chez le mandarin, dîner auquel assistent le commandant du poste français, le prince, deux ou trois notables et un de mes «confrères», un membre de l'Académie de Chine, mandarin à bouton de saphir.

Assis dans de lourds fauteuils carrés, nous sommes six ou sept, autour d'une table que garnissent d'étranges et exquises petites porcelaines des vieux temps, petites, petites comme pour une dînette de poupées. Des cires rouges nous éclairent, allumées dans de hauts chandeliers de cuivre.

Depuis ce matin, la province entière a quitté par ordre le bonnet hivernal pour prendre le chapeau d'été, conique en forme d'abat-jour de lampe, sur lequel retombent des touffes de crins rouges ou, suivant la dignité du personnage, des plumes de paon et de corbeau. Or, il est de bon ton de dîner coiffé,—et cela fait tout de suite Chine de paravent, les chapeaux de ce style.

Quant aux dames de la maison, elles demeurent invisibles, hélas! et il serait de la dernière inconvenance de les demander ou même d'y faire allusion.—(On sait d'ailleurs qu'un Chinois obligé de parler de sa femme ne doit la désigner que d'une manière indirecte, et autant que possible par un qualificatif sévèrement dénué de toute galanterie, comme par exemple: «mon horripilante» ou «ma nauséabonde».)

Le dîner commence par des prunelles confites et quantité de sucreries mignardes, que l'on mange avec des petites baguettes. Il s'excuse, le mandarin, de ne pouvoir m'offrir des nids d'hirondelle de mer: Y-Tchéou est un pays si perdu, si loin de la côte, il est si difficile de s'y procurer ce qu'on veut! En revanche, voici un plat d'ailerons de requin, un autre de vessies de cachalot, un autre encore de nerfs de biche, et puis des ragoûts de racines de nénufar aux oeufs de crevette.

Dans la salle blanche au plafond noir—dont les murs sont ornés d'aquarelles, sur longues bandes de papier précieux, représentant des bêtes ou des fleurs monstrueuses—l'inévitable odeur de l'opium et du musc se mêle au fumet des sauces étranges. Autour de nous s'empressent une vingtaine de serviteurs coiffés comme leurs maîtres et vêtus de belles robes de soie avec corselet de velours. A ma droite, mon «confrère» de l'Académie de Chine me dit des choses de l'autre monde. Il est vieux et entièrement desséché par l'abus de la fumée mortelle; sa petite figure réduite à rien disparaît sous le cône de son chapeau et sous les deux ronds de ses grosses lunettes bleues.

—Est-il vrai, me demande-t-il, que l'empire du Milieu occupe le dessus de la boule terrestre, et que l'Europe s'accroche péniblement penchée sur le côté?

Il paraît qu'il possède au bout de son pinceau plus de quarante mille caractères d'écriture et qu'il est capable, sur n'importe quel sujet, d'improviser des poésies suaves. De temps à autre, je vois avec terreur son petit bras de squelette sortir de ses belles manches pagodes et s'allonger vers les plats; c'est pour y cueillir, avec sa propre fourchette à deux dents, quelque bouchée de choix qu'il me destine,—et cela m'oblige à de continuels et difficiles escamotages sous la table pour ne point manger ces choses.

Après les mets saugrenus et légers, paraissent des canards désossés, et puis des viandes, qui doivent se succéder de plus en plus copieuses, jusqu'à l'heure où les convives déclarent que vraiment cela suffit. Alors, on apporte les pipes d'opium et les cigarettes,—et voici l'instant de monter en palanquin pour aller à la fête nocturne que l'on m'a préparée.

Dehors, dans la longue avenue des portiques et des monstres, où il fait nuit étoilée, tous les serviteurs du yamen nous attendent avec de grandes lanternes en papier, peintes de chauves-souris et de chimères. Et une centaine d'aimables Boxers sont là aussi, tenant des torches pour nous éclairer mieux. Nous montons chacun dans un palanquin, et les porteurs nous enlèvent au trot, tandis que toutes ces torches flambantes courent à nos côtés, et que les gongs, courant de même, commencent, en avant de notre cortège, leur fracas de bataille.

Très vite, pendant cette course, très vite défilent, éclairées par toutes ces lueurs dansantes, les petites échoppes encore ouvertes, les figures chinoises encore attroupées pour nous voir, et les grimaces de tous les monstres de pierre échelonnés sur la route.

Au fond d'une immense cour, un bâtiment neuf sur la porte duquel se lit, à la lueur des torches, cette inscription stupéfiante: «Parisiana d'Y-Tchéou!»... Des «Parisiana» dans cette ville ultra-chinoise qui jusqu'à l'automne dernier n'avait jamais vu d'Européens approcher ses murs!... C'est là que nos porteurs s'arrêtent, et c'est le théâtre improvisé cet hiver par nos soixante hommes d'infanterie de marine pour occuper leurs veillées glaciales.

J'ai promis d'assister à une représentation de gala que ces grands enfants donnent pour moi ce soir.—Et, de tant de réceptions charmantes que l'on a bien voulu me faire çà et là par le monde, aucune ne m'a ému plus que celle de ces soldats, exilés en un coin perdu de la Chine. Leurs discrets sourires d'accueil, les quelques mots que l'un d'eux s'est chargé de me dire, de leur part à tous, sont plus touchants que nombre de banquets et de discours, et je serre de bon coeur les braves mains qui n'osaient pas se tendre vers la mienne.

Afin que je garde un souvenir de leur hospitalité d'un soir à Y-Tchéou, ils se sont cotisés pour me faire un cadeau très local, un de ces parasols de soie rouge à long baldaquin retombant qu'il est d'usage en Chine de promener en avant des bonshommes de marque. Et, si encombrante que soit la chose, même repliée, il va sans dire que je l'emporterai précieusement en France.

Ensuite ils me remettent un programme illustré, sur lequel le nom de chaque acteur figure suivi d'un litre pompeux: M. le soldat un tel, de la Comédie-Française, ou bien: M. le caporal un tel, du théâtre Sarah-Bernhardt. Et nous prenons place.—C'est un vrai théâtre qu'ils ont fabriqué là, avec une scène surélevée, une rampe et un rideau.

Dans des fauteuils chinois qu'ils ont placés au premier rang, leur capitaine s'assied auprès de moi, et puis le mandarin, le prince du sang et deux ou trois notables à longues queues. Derrière nous, les sous-officiers et les soldats; quelques bébés jaunes, en toilette de cérémonie, se glissent aussi parmi eux, familièrement, ou même s'installent sur leurs genoux: les élèves de leur école.—Car ils ont fondé une école, comme ceux de Laï-Chou-Chien, pour apprendre le français aux enfants du voisinage. Et un sergent m'en présente un impayable de six ans tout au plus, qui s'est mis pour la circonstance en belle robe, sa petite queue toute courte et toute raide, nouée d'une soie rouge, et qui sait me réciter le commencement de «Maître corbeau sur un arbre perché» d'une grosse voix, en roulant les yeux tout le temps.

Les trois coups, et le rideau se lève. C'est d'abord un vaudeville, de je ne sais qui, mais certainement très retouché par eux, avec une drôlerie imprévue, à

155

laquelle on ne résiste pas. Inénarrables sont les dames, les belles-mères, qui ont des chevelures en étoupe... Ensuite, se succèdent les scènes comiques et les chansons de «Chat Noir». Les invités chinois, sur leurs fauteuils en forme de trône, demeurent impassibles comme des bouddhas de pagode; cette gaieté si française, quels aspects peut-elle bien prendre pour leurs cervelles d'Extrême Asie?...

Avant que soient épuisés les derniers numéros du programme, on entend au dehors le tonnerre soudain des gongs, le cliquetis des sistres et des cymbales, toutes les ferrailles de la Chine. Et c'est le prélude de la fête que le mandarin a voulu m'offrir, fête qui aura lieu dans la cour même du quartier, et à laquelle assisteront naturellement tous nos soldats.

Les lanternes à profusion illuminent cette cour, avec les torches fumantes d'une centaine de Boxers.

Il y a d'abord, menée par les flûtes graves, une danse d'échassiers, au dandinement d'ours. Ensuite donnent à tour de rôle toutes les sociétés de gymnastique de la région voisine. De petits paysans d'une dizaine d'années, costumés en seigneurs des anciennes dynasties, font un simulacre de bataille, sautent comme de jeunes chats; prodigieux tous de légèreté et de vitesse, avec leurs grands sabres qui tournent en moulinets. Viennent à présent les garçons d'un autre village, qui jettent en hâte leurs vêtements et se mettent à faire tourner des fourches autour de leurs corps; par des coups de poing, des coups de pied imperceptibles, ils les font tourner si vite, que bientôt ce ne sont plus des fourches à nos yeux, mais des espèces de serpents sans fin qui leur enlacent furieusement la poitrine. Puis, en un tour de main, plus vite que dans les cirques les mieux machinés, une barre fixe est dressée devant moi, et des acrobates le torse nu, superbement musclés, font des tours; ce sont les gens du mandarin, ceux-là, les mêmes qui tout à l'heure nous servaient à table, en si belles robes de soie.

Et toujours le fracas des gongs, l'incantation des flûtes, la flamme fumeuse des torches.

Pour finir, un feu d'artifice, très long, très bruyant. Quand les pièces éclatent en l'air, au bout d'invisibles tiges de bambou, des pagodes en papier mince et lumineux se déploient sur le ciel étoilé, édifices de rêve chinois, tremblants, impondérables, qui tout de suite s'enflamment et s'évanouissent en fumée.

Par les petites rues sinistres, maintenant endormies, nous rentrons tard, au trot de nos porteurs, escortés des mille lumières dansantes de nos torches et de nos lanternes.

Vers minuit, me voici seul, au fond du yamen, dans mon logis séparé dont l'avenue est surveillée par les immobiles bêtes accroupies. Sur ma table du milieu, on a posé un souper de toutes les variétés de gâteaux connus en Chine. Des arbres fruitiers, fleuris et encore sans feuilles, décorent mes consoles; des arbres nains, bien entendu, poussés dans des vases de porcelaine et longuement torturés, jusqu'à devenir invraisemblables: un petit poirier a pris la forme régulière d'une sorte de lyre en fleurs blanches, un petit pêcher ressemble à une couronne de fleurs roses. A part ces fraîches floraisons de printemps, tout est vieux dans ma chambre, déjeté, vermoulu; et, par les trous du plafond jadis blanc, passent les museaux d'innombrables rats qui me suivent des yeux.

Couché dans mon grand lit, dont les sculptures représentent d'horribles bêtes, dès que j'ai soufflé ma lumière, je les entends descendre, tous ces rats, secouer les fines porcelaines de ma table et grignoter mes pâtisseries. Et bientôt, au milieu du silence de plus en plus profond des entours, les veilleurs de nuit, qui se promènent d'un pas feutré, commencent à jouer discrètement du claque-bois.

Dimanche 28 avril.

Promenade matinale chez les ciseleurs d'argent,—une spécialité d'Y-Tchéou. Ensuite, dans la partie tout à fait morte de la ville, à une antique pagode demi-croulée sur le sol de cendre, au milieu de fantômes d'arbres qui n'ont plus que l'écorce; le long de ses galeries sont représentés les supplices de l'enfer bouddhique: quelques centaines de personnages de grandeur naturelle, en bois tout rongé de vermoulure, se débattent contre des diables qui s'empressent à leur étirer les entrailles ou à les brûler vifs.

A neuf heures, je remonte à cheval avec mes hommes, pour faire avant midi les quinze ou dix-huit kilomètres qui me séparent encore de ces mystérieuses sépultures d'empereurs, puis rentrer ce soir même à Y-Tchéou, et demain me remettre en route pour Pékin.

Nous prenons pour nous en aller la porte opposée à celle par où nous étions entrés hier.—Nulle part encore nous n'avions vu tant de monstres que dans cette ville si vieille; leurs grosses figures ricanantes sortent partout de la terre où le temps les a presque enfouis; il en apparaît aussi de tout entiers, accroupis sur des socles, gardant l'entrée des ponts de granit ou bien faisant cercle dans les carrefours.

Au sortir de la ville, une pagode de mauvais aloi, aux murs de laquelle s'accrochent des petites cages contenant des têtes humaines fraîchement tranchées. Et nous nous trouvons de nouveau dans les champs silencieux, sous l'ardent soleil.

Le prince nous accompagne, montant un poulain mongol ébouriffé comme un caniche; auprès de nos costumes plutôt rudes, de nos bottes poudreuses, contrastent ses soies roses, ses chaussures de velours, et il laisse derrière lui dans la plaine sa traînée de musc.

IV

Le pays s'élève en pente douce vers la chaîne des montagnes mongoles qui, toujours en avant de nous, grandissent rapidement dans notre ciel. Les arbres se font de moins en moins rares, l'herbe croît par place sans qu'on l'ait semée, et ce n'est bientôt plus le triste sol de cendre.

Autour de nous, il y a maintenant des coteaux à la cime pointue, au dessin tourmenté, et çà et là, sur les bizarres petits sommets, des vieilles tours sont perchées,—de ces tours à dix ou douze étages qui font tout de suite décor chinois, avec la superposition de leurs toits courbes aux angles retroussés en manière de corne, une cloche éolienne à chaque bout.

Et l'air de plus en plus se purifie de son nuage de poussière,—à mesure que l'on s'approche de la région, sans doute privilégiée, qui a été choisie pour le repos des empereurs et des impératrices Célestes.

Après le douzième kilomètre environ, halte dans un village, pour déjeuner chez un grand prince, d'un rang beaucoup plus élevé que celui qui chevauche avec nous: oncle direct de l'Empereur, celui-là, en disgrâce auprès de la Régente dont il fut le favori, et préposé aujourd'hui à la haute surveillance des sépultures. Étant en deuil austère, il s'habille de coton comme un pauvre, et cependant ne ressemble pas à tout le monde. Il s'excuse de nous recevoir dans le délabrement d'une vieille maison quelconque, les Allemands ayant mis le feu à son yamen, et il nous offre un déjeuner très chinois, où reparaissent des ailerons de requin et des nerfs de biche,—tandis que les plates figures sauvages des paysans d'alentour nous regardent par les trous de nos carreaux en papier de riz, crevés du toutes parts.

Aussitôt après la dernière tasse de thé, nous remontons à cheval, pour voir enfin ces tombeaux qui sont à présent là tout près, et vers lesquels nous cheminons depuis déjà plus de trois jours. Mon «confrère» de l'Académie de Pékin, qui nous a rejoints, toujours avec ses grosses lunettes rondes, son petit corps d'oiseau sec perdu dans ses belles robes de soie, nous accompagne aussi cahin-caha sur une mule.

Pays de plus en plus solitaire. Fini, les champs; fini, les villages. Le chemin pénètre au milieu de collines—qui sont revêtues d'herbe et de fleurs!—et c'est une surprise, un enchantement pour nos yeux déshabitués, cela semble un peu édénique, après toute cette Chine poudreuse et grise où nous venons de vivre, et où ne verdissait que le blé des sillons. La perpétuelle poussière du Petchili, nous l'avons décidément laissée derrière nous; sur les plaines en contre-bas, nous l'apercevons, comme un brouillard dont nous serions enfin délivrés.

Nous nous élevons toujours, arrivant aux premiers contreforts de la chaîne mongole. Voici, derrière une muraille de terre, un immense camp de Tartares; au moins deux mille hommes, armés de lances, d'arcs et de flèches: les gardiens d'honneur des souverains défunts.

La pureté des horizons, dont nous avions presque perdu le souvenir, est ici retrouvée. Ces montagnes de Mongolie, semble-t-il, viennent soudainement de se rapprocher, comme si d'elles-mêmes elles s'étaient avancées; très rocheuses, avec des escarpements étranges, des pointes comme des donjons ou des tours de pagode, elles sont d'un beau violet d'iris au-dessus de nos têtes. Et, en avant de nous, de tous côtés, commencent de paraître des vallonnements boisés, des forêts de cèdres.

Il est vrai, ce sont des forêts factices,—mais déjà si vieilles,—plantées il y a des siècles, pour composer le parc funéraire, de plus de vingt lieues de tour, où dorment quatre empereurs tartares.

Nous entrons dans ce lieu de silence et d'ombre, étonnés qu'il ne soit enclos d'aucune muraille, contrairement aux farouches usages de la Chine. Sans doute, en cette région très isolée, on l'a jugé suffisamment défendu par la terreur qu'inspirent les Mânes des Souverains,—et aussi par un édit général de mort, rendu d'avance contre quiconque oserait ici labourer un coin de terre ou seulement l'ensemencer.

C'est le bois sacré par excellence, avec tout son recueillement et son mystère... Quels merveilleux poètes de la Mort sont ces Chinois, qui lui préparent de telles demeures!... On serait tenté dans cette ombre de parler bas comme sous une voûte de temple; on se sent profanateur en foulant à cheval ce sol, vénéré depuis des âges, dont le tapis d'herbes fines et de fleurettes de printemps semble n'avoir été violé jamais. Les grands cèdres, les grands thuyas centenaires, parfois un peu clairsemés sur les collines ou dans les vallées, laissent entre eux des espaces libres où ne croissent point de broussailles; sous la colonnade de leurs troncs énormes, rien que de courtes graminées, de très petites fleurs exquises, et des lichens, des mousses.

Cette poussière, qui obscurcissait le ciel des plaines, ne monte sans doute jamais jusqu'à cette région choisie, car le vert magnifique des arbres n'en est nulle part terni. Et, dans cette solitude superbe que les hommes d'ici ont faite aux Mânes de leurs maîtres, quand le chemin nous fait passer par quelque clairière, ou sur quelque hauteur, les lointains qui se découvrent sont d'une limpidité absolue; une lumière paradisiaque tombe alors sur nous, d'un profond ciel discrètement bleu, rayé par des bandes de petits nuages d'un gris rose de tourterelle; dans ces moments-là, on aperçoit aussi, au loin, de somptueuses toitures, d'un émail jaune d'or, qui s'élèvent parmi les ramures si sombres, comme des palais de belles-au-bois-dormant...

Personne dans ces chemins ombreux. Un silence de désert. A peine, de temps à autre, le croassement d'un corbeau,—trop funèbre, à ce qu'il semble, pour les tranquilles enchantements de ce lieu, où la Mort a dû, avant d'entrer, dépouiller son horreur, pour demeurer seulement la Magicienne des repos qui ne finiront plus.

Par endroits, les arbres sont alignés en quinconces, formant des allées qui s'en vont à perte de vue dans la nuit verte. Ailleurs, ils ont été semés sans ordre; on dirait qu'ils ont poussé d'eux-mêmes comme les plantes sauvages, et on se croirait en simple forêt. Mais des détails cependant viennent rappeler que le lieu est magnifique, impérial et sacré; le moindre pont, jeté sur quelque ruisseau qui traverse le chemin, est de marbre blanc, d'un dessin rare; couvert de précieuses ciselures; ou bien quelque bête héraldique, accroupie à l'ombre, vous lance au passage la menace de son rire féroce; ou bien encore un obélisque de marbre, enroulé de dragons à cinq griffes, se dresse inattendu, dans sa neigeuse blancheur, sur le fond obscur des cèdres.

Dans ce bois de vingt lieues de tour, il y a seulement quatre cadavres d'empereurs; on y ajoutera celui de l'Impératrice Régente, dont le mausolée est depuis longtemps commencé, ensuite celui du jeune empereur son fils, qui a fait marquer sa place élue d'une stèle en marbre gris[5]. Et ce sera tout. Les autres souverains, passés ou à venir, dorment ou dormiront ailleurs, dans d'autres édens—du reste aussi vastes, aussi merveilleusement composés. Car il faut énormément de place pour un cadavre de Fils du Ciel, et énormément de silencieuse solitude alentour.

[Note 5: Ses sujets ont fait graver sur la stèle une inscription souhaitant à leur souverain de vivre dix mille fois dix mille ans.]

La disposition de ces tombeaux est réglée par des plans inchangeables, qui remontent aux vieilles dynasties éteintes; aussi sont-ils tous pareils,—rappelant même ceux des empereurs Mings, antérieurs de plusieurs siècles, et dont les ruines délaissées ont été depuis longtemps un but d'excursion permis aux Européens.

On y arrive invariablement par une coupée d'une demi-lieue de long dans la sombre futaie, coupée que les artistes d'autrefois ont eu soin d'orienter de manière qu'elle s'ouvre, comme les portants d'un magnifique décor au théâtre, sur quelque fond incomparable: par exemple une montagne particulièrement haute, abrupte et audacieuse; un amas rocheux présentant une de ces anomalies de forme ou de couleur que les Chinois recherchent en toute chose.

Invariablement aussi l'avenue commence par de grands arcs de triomphe en marbre blanc, qui sont, il va sans dire, surchargés de monstres, hérissés de cornes et de griffes.

Chez l'aïeul de l'Empereur actuel, qui reçoit aujourd'hui notre première visite, ces arcs de l'entrée, imprévus au milieu de la forêt, ont la base enlacée par les liserons sauvages: ils semblent, au coup de baguette d'un enchanteur, avoir jailli sans travail, d'un sol qui a l'air vierge,—tant il est feutré de ces mousses, de ces petites plantes délicates et rares qu'un rien dérange, qui ne croissent que dans les lieux longuement tranquilles, longuement respectés par les hommes.

Ensuite viennent des ponts de marbre blanc, arqués en demi-cercle, trois ponts parallèles, comme chaque fois que doit passer un empereur vivant ou mort, le pont du milieu étant réservé pour Lui seul. Les architectes des tombeaux ont eu soin de faire traverser plusieurs fois l'avenue par de factices rivières, afin d'avoir l'occasion d'y jeter ces courbes charmantes et leur blancheur quasi éternelle. Chaque balustre des ponts figure un enlacement de chimères impériales. Les longues dalles penchées y sont glissantes et neigeuses, encadrées par une herbe de cimetière, qui pousse et fleurit dans tous leurs joints. Et le passage est dangereux pour nos chevaux, dont les pas résonnent tristement sur ce marbre; le bruit soudain que nous faisons là, dans ce silence, nous cause d'ailleurs presque une gêne, comme si nous venions troubler d'une façon inconvenante le recueillement d'une nécropole. A part nous et quelques corbeaux sur les arbres, rien ne bouge et rien ne vit, dans l'immensité du parc funéraire.

Après le pont aux triples arches, l'avenue conduit vers un premier temple à toit d'émail jaune, qui semble la barrer en son milieu. Aux quatre angles de la clairière où il est bâti, s'élèvent des colonnes rostrales en marbre d'un blanc d'ivoire; monolithes admirables, au sommet de chacun desquels s'assied une bête pareille à celles qui trônent sur les obélisques devant le palais de Pékin,— une espèce de maigre chacal, aux longues oreilles droites, les yeux levés et la gueule ouverte comme pour hurler vers le ciel. Ce premier temple ne contient que trois stèles géantes, qui posent sur des tortues de marbre grosses comme des léviathans, et qui racontent la gloire de l'empereur défunt, la première en langue tartare, la seconde en chinois, la troisième en mandchou.

L'avenue, au delà de ce temple des stèles, se prolonge dans son même axe, indéfiniment longue encore, majestueuse entre ses deux parois de cèdres aux verdures presque noires, et recouverte par terre d'un tapis d'herbes, de fleurs, de mousses comme si on n'y marchait jamais. Toutes les avenues dans ce bois sont habituées au même continuel abandon, au même continuel silence, car les Chinois ne venaient ici qu'à de longs intervalles, en cortèges respectueux et lents, pour accomplir des rites mortuaires. Et cet air de délaissement, dans cette splendeur, est le grand charme de ce lieu unique au monde.

Quand les alliés auront évacué la Chine, le parc des tombeaux, qui nous aura été ouvert un moment, redeviendra impénétrable aux Européens pour des temps que l'on ignore, jusqu'à une invasion nouvelle peut-être, qui fera cette fois crouler le vieux Colosse jaune... A moins qu'il ne secoue son sommeil de mille ans, le Colosse encore capable de jeter l'épouvante, et qu'il ne prenne enfin les armes pour quelque revanche à laquelle on n'ose songer... Mon Dieu, le jour où la Chine, au lieu de ses petits régiments de mercenaires et de bandits, lèverait en masse, pour une suprême révolte, ses millions de jeunes paysans tels que ceux que je viens de voir, sobres, cruels, maigres et musclés, rompus à tous les exercices physiques et dédaigneux de la mort, quelle terrifiante armée elle aurait là, en mettant aux mains de ces hommes nos moyens modernes de destruction!... Et vraiment il semble, quand on y réfléchit, que certains de nos alliés aient été imprudents de semer ici tant de germes de haine et tant de besoins de vengeance.

Là-bas, au bout de l'avenue déserte aux verdures sombres, le temple final commence de montrer son toit d'émail. La montagne au-dessus, l'étrange montagne dentelée qui a été choisie pour être comme la toile de fond du morne décor, monte aujourd'hui, toute violette et rose, dans une déchirure de ciel d'un bleu rare, d'un bleu de turquoise mourante, tournant au vert. La lumière demeure exquise et discrète; le soleil, voilé sous ces mêmes nuages couleur de tourterelle. Et nous n'entendons plus marcher nos chevaux sur le feutrage épais des herbes et des mousses.

On voit maintenant les grandes portes triples du sanctuaire, qui sont d'un rouge de sang avec des ferrures d'or.

Encore la blancheur d'un triple pont de marbre, aux dalles glissantes, sur lesquelles ma petite armée recommence de faire en passant un bruit exagéré, comme si ces rangées de cèdres en muraille autour de nous avaient les sonorités d'une basilique. Et à partir d'ici, pour garder ces abords de plus en plus sacrés, de hautes statues de marbre s'alignent des deux côtés de l'avenue; nous cheminons entre d'immobiles éléphants, des chevaux, des lions, des guerriers muets et blancs qui ont trois fois la taille humaine.

Dès qu'on aborde les terrasses blanches du temple, on commence d'apercevoir les dégâts de la guerre. Les soldats allemands, venus ici avant les nôtres, ont arraché par places, avec la pointe de leurs sabres, les belles garnitures en bronze doré des portes rouges, les prenant pour de l'or.

Dans une première cour, des édifices latéraux, sous des toitures aussi somptueusement émaillées que celles du grand sanctuaire, étaient les cuisines où l'on préparait, à certaines époques, pour l'Ombre du mort, des repas comme pour une légion d'ogres ou de vampires. Les énormes fourneaux, les énormes cuves de bronze où l'on cuisait des boeufs tout entiers sont encore intacts;

mais les dalles sont jonchées de débris de céramiques, de cassons faits à coups de crosse ou de baïonnette.

Sur des terrasses de plus en plus hautes, après deux ou trois cours dallées de marbre, après deux ou trois enceintes aux triples portes de cèdre, le temple central s'ouvre à nous, vide et dévasté. Il reste magnifique de proportions, dans sa demi-obscurité, avec ses hautes colonnes de laque rouge et d'or; mais on l'a dépouillé de ses richesses sacrées. Lourdes tentures de soie, idoles, vases de libation en argent, vaisselle plate pour les festins des Ombres, avaient presque entièrement disparu quand les Français sont arrivés, et ce qui restait du trésor a été réuni en lieu sûr par nos officiers. Deux d'entre eux viennent même d'être décorés pour ce sauvetage par l'Empereur de Chine[6],—et c'est là un des épisodes les plus singuliers de cette guerre anormale: le souverain du pays envahi décorant spontanément, par reconnaissance, des officiers de l'armée d'invasion...

[Note 6: Le commandant de Fonssagrive, le capitaine Delclos.]

Derrière ce temple enfin est le colossal tombeau.

Pour enfouir un empereur mort, les Chinois découpent un morceau dans une colline, comme on taillerait une portion dans un gâteau de Titans, l'isolent par d'immenses déblais, et puis l'entourent de remparts crénelés. Cela devient alors comme une citadelle massive, et dans la profondeur des terres, ils creusent le couloir sépulcral dont quelques initiés ont seuls le secret; là, tout au bout, on dépose l'empereur, non momifié, qui doit se désagréger lentement dans un épais cercueil en cèdre laqué d'or. Ensuite, on mure à jamais la porte du souterrain par une sorte d'écran, en céramiques invariablement jaunes et vertes, dont les reliefs représentent des lotus, des dragons et des nuages. Et chaque souverain, à son heure, est enseveli et muré de la même façon,—au milieu d'une zone de forêt aussi vaste et aussi solitaire.

Nous arrivons donc au pied de ce morceau de colline et de ce rempart, arrêtés dans notre visite par le lugubre écran de faïence jaune et verte, qui sera le terme de notre voyage de quarante lieues: un écran carré d'une vingtaine de pieds de côté, encore éclatant de vernis et de couleurs, sur les grisailles des briques murales et de la terre.

Ici les corbeaux, comme s'ils devinaient la sinistre chose qu'on leur cache au coeur de la montagne taillée, sont groupés en masse et nous accueillent par un concert de cris.

Et, en face de l'écran de faïence, un bloc, un autel de marbre à peine dégrossi, d'une simplicité brutale qui contraste avec les splendeurs du temple et de l'avenue, est dressé en plein air; il supporte une espèce de brûle-parfums, fait en une matière tragique et inconnue, et deux ou trois objets symboliques d'une rudesse intentionnelle. On reste confondu devant la forme étrange, la barbarie quasi primitive de ces dernières et suprêmes choses, là, tout près de ce seuil; leur aspect est pour causer je ne sais quelle indéfinissable épouvante... De même, jadis, dans la sainte montagne de Nikko, où dorment les empereurs de l'ancien Japon, après la féerique magnificence des temples en laque d'or, devant la petite porte de bronze de chaque sépulcre, je m'étais heurté au mystère d'un autel de ce genre, supportant deux ou trois emblèmes frustes, inquiétants comme ceux-ci par leur fausse naïveté barbare...

Il y a, paraît-il, dans ces souterrains des Fils du Ciel, des trésors, des pierreries, du métal follement entassés. Les gens qui font autorité en matière de chinoiserie affirmaient à nos généraux qu'autour du cadavre d'un seul empereur, on aurait trouvé de quoi payer la rançon de guerre réclamée par l'Europe, et que, d'ailleurs, la simple menace de violer l'un quelconque de ces tombeaux d'ancêtres eût suffi à ramener la régente et son fils à Pékin, soumis et souples, accordant tout.

Heureusement pour notre honneur occidental, aucun des alliés n'a voulu de ce moyen. Et les écrans de céramiques jaunes et vertes n'ont point été défoncés; même les moindres dragons ou lotus, en saillies frêles, y sont restés intacts. On s'est arrêté là. Les vieux empereurs, derrière leurs murs éternels, ont dû tous entendre sonner de près les clairons de l'armée «barbare» et battre ses tambours; mais chacun d'eux a pu se rendormir ensuite dans sa nuit, tranquille comme devant, au milieu de l'inanité de ses fabuleuses richesses.

VIII

LES DERNIERS JOURS DE PÉKIN

I

Pékin, mercredi 1er mai.

Je suis rentré hier de ma visite aux tombeaux des empereurs, après trois journées et demie de voyage comme dans la brume, par «vent jaune», sous un lourd soleil obscurci de poussière. Et me voici de nouveau dans le Pékin impérial, auprès de notre général en chef, dans ma même chambre du Palais du Nord. Le thermomètre hier marquait 40° à l'ombre; aujourd'hui, 8° seulement (trente-deux degrés d'écart en vingt-quatre heures); un vent glacé chasse des gouttes de pluie mêlées de quelques flocons blancs, et, au-dessus du Palais d'Été, les proches montagnes sont toutes marbrées de neige.—Il se trouve cependant des personnes en France pour se plaindre de la fragilité de nos printemps!

Mon expédition terminée, je devais reprendre aussitôt la route de Takou et de l'escadre; mais le général, qui donne demain une grande fête aux états-majors des armées alliées, a bien voulu m'y inviter et me retenir, et il a fallu de nouveau télégraphier à l'amiral, lui demander au moins trois jours de plus.

Le soir, sur l'esplanade du Palais de la Rotonde, je me promène en compagnie du colonel Marchand, par un crépuscule de mauvais temps, tourmenté, froid, assombri avant l'heure sous les nuages rapides que le vent déchire, et, dans les éclaircies, on aperçoit, là-bas sur les montagnes du Palais d'Été, toujours cette neige tristement blanche, en avant des fonds obscurs...

Autour de nous, il y a un grand désarroi de fête, qui contraste avec le désarroi de bataille et de mort que j'avais connu ici même, l'automne dernier. Des zouaves, des chasseurs d'Afrique s'agitent gaiement, promènent des échelles, des draperies, des brassées de feuillage et de fleurs. Autour de la belle pagode, toujours éclatante d'émail, de laque et d'or, les vieux cèdres centenaires sont déguisés en arbres à fruits; leurs branches presque sacrées supportent des milliers de ballons jaunes, qui semblent de grosses oranges. Et des chaînettes vont de l'un à l'autre, soutenant des lanternes chinoises en guirlandes.

C'est lui, le colonel Marchand, qui a accepté d'être l'organisateur de tout. Et il me demande:

—Pensez-vous que ce sera bien! Là, vraiment, pensez-vous que ça sortira un peu de la banalité courante? C'est que, voyez-vous, je voudrais faire mieux que ce qu'ont déjà fait les autres...

Les autres, ce sont les Allemands, les Américains, tous ceux des Alliés qui ont déjà donné des fêtes avant les Français.—Et depuis cinq ou six jours, il a déployé une activité fiévreuse, mon nouvel ami, pour réaliser son idée de faire quelque chose de jamais vu, travaillant jusqu'au milieu des nuits, avec ses hommes auxquels il a su communiquer son ardeur, mettant à cette besogne de plaisir la même volonté passionnée qu'il mit jadis à conduire à travers l'Afrique sa petite armée de braves. De temps à autre, cependant, son sourire, tout à coup, témoigne qu'ici il s'amuse,—et ne prendrait point au tragique la déroute possible, si le vent et la neige venaient à bouleverser la féerie qu'il rêve.

Non, mais c'est ennuyeux tout de même, ce temps, ce froid! Que devenir, puisque ça doit se passer justement en plein air, sur ces terrasses de palais, battues par tous les souffles du Nord? Et les illuminations, et les velums tendus? Et les femmes, qui vont geler, dans leurs robes du soir?... Car il y aura même des femmes, ici, au coeur de la «Ville jaune»...

Or, voici que tout à coup une rafale vient briser une file de girandoles à pendeloques de perles, déjà suspendues aux branches des vénérables cèdres et chavirer une rangée de ces pots de fleurs que l'on a déjà montés ici par centaines, pour rendre la vie à ces vieux jardins dévastés...

Jeudi 2 mai.

Des émissaires ont été lancés aux quatre coins de Pékin, annonçant que la fête de ce soir était remise à samedi, pour laisser passer la bourrasque. Et il m'a fallu demander encore par dépêche à l'amiral une prolongation de liberté. J'étais parti pour trois jours et serai resté près d'un mois dehors; je porte maintenant des chemises, des vestes, empruntées de-ci de-là, à des camarades de l'armée de terre.

J'ai l'honneur de déjeuner ce matin chez notre voisin de «Ville jaune», le maréchal de Waldersee.

Dans une partie de son palais que les flammes n'ont pas atteinte, une grande salle, en marqueteries, en boiseries à jours; le couvert est dressé là pour le maréchal et son état-major,—tout ce monde, correct, sanglé, irréprochablement militaire, au milieu de la fantaisie chinoise d'un tel cadre.

C'est la première fois de ma vie que je viens m'asseoir à une table d'officiers allemands, et je n'avais pas prévu la soudaine angoisse d'arriver en invité au milieu d'eux... Ces souvenirs d'il y a plus de trente ans! Les aspects particuliers que prit pour moi l'année terrible!...

Oh! ce long hiver de 1870, passé à errer avec un mauvais petit bateau, dans les coups de vent, sur les côtes prussiennes! Mon poste de veille, presque enfant que j'étais alors, dans le froid de la hune, et la silhouette, si souvent aperçue à l'horizon noir, d'un certain Koenig-Wilhelm lancé à notre poursuite, devant lequel il fallait toujours fuir, tandis que ses obus, derrière nous, sautillaient parfois sur l'eau glacée... Le désespoir alors de sentir notre petit rôle si inutile et sacrifié, au milieu de cette mer!... On ne savait même rien, que longtemps après; les nouvelles nous arrivaient là-bas si rares, dans les sinistres plis cachetés qu'on ouvrait en tremblant... Et, à chaque désastre, à chaque récit des cruautés allemandes, ces rages qui nous venaient au coeur, un peu enfantines encore dans l'excès de leur violence, et ces serments qu'on faisait entre soi de ne pas oublier!... Tout cela, pêle-mêle, ou plutôt la synthèse rapide de tout cela, se réveille en moi, à la porte de cette salle du déjeuner, même avant que j'aie passé le seuil, rien qu'à la vue des casques à pointe accrochés aux abords, et j'ai envie de m'en aller....

J'entre, et cela s'évanouit, cela sombre dans le lointain des années: leur accueil, leurs poignées de main et leurs sourires de bon aloi m'ont presque rendu l'oubli en une seconde, l'oubli momentané tout au moins... Il semble d'ailleurs qu'il n'y ait pas, entre eux et nous, ces antipathies de race, plus irréductibles que les rancunes aiguës d'une guerre.

Pendant le déjeuner, leur palais chinois, habitué à entendre les gongs et les flûtes, résonne mystérieusement des phrases de Lohengrin ou de l'Or du Rhin, jouées un peu au loin par leur musique militaire. Le maréchal aux cheveux blancs a bien voulu me placer près de lui, et, comme tous ceux des nôtres qui ont eu l'honneur de l'approcher, je subis le charme de son exquise distinction, de sa bienveillance et de sa bonté.

Vendredi 3 mai.

Autour de nous, l'immense Pékin, qui achève de se repeupler comme aux anciens jours, est très occupé de funérailles. Les Chinois, l'été dernier, s'entretuaient dans leur ville; aujourd'hui ils s'enterrent. Chaque famille a gardé ses cadavres à la maison durant des mois comme c'est l'usage, dans d'épais cercueils de cèdre qui atténuaient un peu l'odeur des pourritures; on apportait tous les jours aux morts des repas et des cadeaux, on leur brûlait des cires rouges, on leur faisait des musiques, on leur jouait du gong et de la flûte, dans la continuelle crainte de ne pas leur rendre assez d'honneur, d'encourir leurs vengeances et leurs maléfices. C'est l'époque maintenant de les conduire à leur trou, avec des suites d'un kilomètre de long, avec encore des flûtes et des gongs, d'innombrables lanternes et des emblèmes dorés qui se louent très cher; on se ruinera ensuite pour les monuments et les offrandes; on ne dormira plus, de peur de les voir revenir. Je ne sais qui a si bien défini la Chine: «Un pays où quelques centaines de millions de Chinois vivants sont dominés et terrorisés par quelques milliards de Chinois morts.» Le tombeau, partout et sous toutes ses formes, on ne rencontre pas autre chose dans la plaine de Pékin. Quant à tous ces bocages de cèdres, de pins et de thuyas, ce ne sont que des parcs funéraires, murés de doubles ou de triples murs, chaque parc le plus souvent consacré à un seul mort, qui retranche ainsi aux vivants une place énorme.

Un lama défunt, chez lequel je pénètre aujourd'hui, occupe pour son compte deux ou trois kilomètres carrés. Dans son parc, les vieux arbres, à peine feuillus, tamisent légèrement ce soleil chinois, qui, après la neige d'hier, recommence d'être brûlant et dangereux. Au centre, il y a son mausolée de marbre, pyramide de petits personnages, amas de fines sculptures blanches qui vont s'effilant en fuseau vers le ciel et se terminent par une pointe d'or; çà et là, sous les cèdres, des vieux temples croulants, voués jadis à la mémoire de ce saint homme, enferment dans leur obscurité des peuplades d'idoles dorées qui s'en vont en poussière. Dehors, le sol de cendre, où l'on ne marche jamais, est jonché des pommes résineuses tombées des arbres et des plumes noires des corbeaux qui vivent par centaines dans ce lieu de silence; l'avril cependant y a fait fleurir quelques tristes giroflées violettes, comme dans le bois impérial, et quantité de tout petits iris de même couleur. A l'horizon, au bout de la plaine grise, la muraille de Pékin, la muraille crénelée qui semble enfermer une ville morte, s'en va si loin qu'on ne la voit pas finir.

Et tous les bois funéraires, dont la campagne est encombrée, ressemblent à celui-là, contiennent les mêmes vieux temples, les mêmes idoles et les mêmes corbeaux.

Ces plaines du Petchili sont une immense nécropole, où chaque vivant tremble d'offenser quelqu'un des innombrables morts.

Pékin naturellement se rebâtit en même temps qu'il se repeuple; mais, à la hâte, avec les petites briques noirâtres des décombres, et les rues nouvelles ne retrouveront sans doute jamais le luxe des façades d'autrefois, en dentelle de bois doré.

La grande artère de l'Est, à travers la «Ville tartare», est ce qui demeure le plus intact de l'ancien Pékin, et la vie y redevient intense, fourmillante, presque terrible. Sur une longueur d'une lieue, l'avenue de cinquante mètres de large, magnifique de proportions, mais défoncée, ravinée, coupée de trous sournois et de cloaques, est envahie par des milliers de tréteaux, de cabanes, de tentes dressées, ou de simples parasols fichés en terre; et ce sont les rôtisseurs de chiens, les bouilleurs de thé, les gens qui servent des boissons horribles ou des viandes effroyables,—dans de toujours délicieuses porcelaines, éclatantes de peinturlures; ce sont les charlatans, les acupunctaristes, les guignols, les musiciens, les conteurs et les conteuses d'histoires. La foule, au milieu de tout cela, évolue à grand'peine, divisée en une infinité de courants divers, par tant de petites boutiques ou de petits théâtres, comme se diviseraient les eaux d'un fleuve au milieu d'îlots, et c'est un remous de têtes humaines, incessant et tourmenté, noirci de crasse et de poussière. Des vociférations montent de toutes parts, rauques ou mordantes, d'un timbre inconnu à nos oreilles, accompagnées de violons qui grincent sur des peaux de serpents, de bruits de gongs et de bruits de sonnettes. Les caravanes cependant, les énormes chameaux de Mongolie qui tout l'hiver encombraient les rues de leurs défilés sans fin, ont disparu vers les solitudes du Nord, avec leurs conducteurs au visage plat, fuyant le soleil qui sera bientôt torride; mais ils sont remplacés,—sur le milieu bossu de la chaussée réservé aux bêtes et aux attelages,—par des files de petits chevaux, des files de petites voitures, et on entend partout claquer les fouets.

Et au pied des maisons, durant des kilomètres, par terre, sur les immondices ou sur la boue, l'extravagante foire à la guenille commencée l'automne dernier s'étale encore, piétinée par les passants: débris de tant d'incendies et de pillages, que l'on ne finira jamais de vendre, défroques magnifiquement brodées mais qui ont été un peu sanglantes, bouddhas, magots, bijoux, perruques de morts, vases ébréchés ou précieux cassons de jade.

Au-dessus de tant de choses saugrenues, au-dessus de tant de tapage et de tant de poussière, la plupart de ces maisons, en contraste avec la pouillerie des foules, sont étourdissantes de sculptures et d'éclat; finement fouillées en plein bois et finement dorées depuis la base jusqu'en haut. Dans le cèdre épais des façades, d'infatigables artistes ont taillé, avec ces patiences et ces adresses chinoises qui nous confondent, des myriades de petits bonshommes, ou de monstres, ou d'oiseaux, parmi des fleurs, ou sous des arbres dont on compterait les feuilles. Les dorures de tous ces minutieux sujets, atténuées par places, sont le plus souvent restées étincelantes, grâce à ce climat presque sans pluie.

Et en haut, sur les couronnements, sur les corniches festonnées, c'est toujours le domaine des chimères d'or, qui tirent la langue, qui ricanent, qui louchent, qui ont l'air prêtes à s'élancer vers le ciel, ou à descendre pour déchirer les passants.

L'été dernier, dans les grands incendies Boxers, elles flambaient chaque jour par centaines, ces étonnantes façades, qui représentaient une somme incalculable de travail humain, et qui faisaient de Pékin une vieille chinoiserie tout en or, un si extraordinaire musée de bois sculptés, que les hommes d'aujourd'hui n'auront plus jamais le temps d'en reconstituer un pareil.

Samedi 4 mai.

C'est ce soir, décidément, la fête donnée par notre général aux états-majors des alliés.

D'abord, en attendant la nuit, une fête entre Français: l'inauguration d'un boulevard dans notre quartier, dans notre secteur; du Pont de Marbre à la Porte Jaune, un long boulevard dont la confection a été confiée au colonel Marchand et qui portera le nom de notre général. Pékin, depuis l'époque lointaine et pompeuse où fut tracé son réseau d'avenues pavées, n'avait jamais revu chose pareille: une voie libre, unie, sans précipices ni ornières, où les voitures peuvent courir grand train entre deux rangs de jeunes arbres.

Il y a foule pour assister à cette inauguration. Des deux côtés de la chaussée neuve, sablée de frais et encore vide, qui est d'un bout à l'autre barrée par des piquets et des cordes,—des deux côtés, il y a tous nos soldats, quelques soldats allemands aussi, car ils voisinent beaucoup avec les nôtres, et puis les Chinois et les Chinoises d'alentour en robes de fête. Les bébés charmants et drôles, aux yeux de chat bien tirés vers les tempes, occupent le premier rang, à toucher les cordes tendues; quelques-uns même se font porter par nos hommes pour voir de plus haut, et un grand zouave se promène avec deux petites Chinoises de trois ou quatre ans, une sur chaque épaule. Il y a du monde perché sur les toits, plusieurs de nos malades, là-bas, sont debout sur les tuiles de notre hôpital, et des chasseurs d'Afrique ont escaladé, pour avoir des places de choix, le clocher gothique de l'église, qui domine tout, avec son large drapeau tricolore déployé dans l'air.

Des pavillons français, il y en a sur toutes les portes des Chinois, il y en a partout sur des perches, groupés en trophées avec des lanternes et des guirlandes. On dirait d'une sorte de «14 Juillet», un peu exotique et étrange; si c'était en France, la décoration serait banale à faire sourire; ici, au coeur de Pékin, elle devient touchante et même grande, surtout à l'arrivée des musiques militaires, quand éclate notre Marseillaise.

L'inauguration, cela consiste simplement en un temps de galop, une espèce de charge à fond de train exécutée, sur le sable encore vierge, par tous les officiers français, depuis la Porte Jaune jusqu'à l'autre extrémité de ce boulevard, où notre général les attend, sur une estrade enguirlandée de verdure par les soldats, et leur offre en souriant du champagne. Après, on enlève les frêles barrières, la foule déborde gaiement, les petits aux yeux de chat prennent leur course sur ce beau sol passé au rouleau, et c'est fini.

Quand nous serons repartis tous pour la France, quand Pékin sera entièrement rendu aux Chinois, qui ont sur la voirie des idées subversives, cette Avenue du Général-Voyron—qu'ils font pourtant mine d'apprécier—ne durera pas, je le crains, plus de deux hivers.

II

Huit heures du soir. Dans le long crépuscule de mai, qui est maintenant près de finir, les lanternes étranges, en verre, ruisselantes de perles, ou bien en papier de riz, ayant forme d'oiseaux et de lotus, se sont allumées partout, aux branches des vieux cèdres, sur l'esplanade de ce palais de la Rotonde, que j'ai connue jadis plongée dans un si morne abîme de tristesse et de silence... Cette nuit, ce sera le mouvement, la vie, la gaie lumière. Déjà, dans le merveilleux décor qui s'illumine, vont et viennent des gens en habits de fête, officiers de toutes les nations d'Europe, et Chinois aux longues robes soyeuses, coiffés du chapeau officiel d'où retombent des plumes de paon. Une table pour soixante-dix convives est dressée sous des tentes, et nous attendons la foule disparate de nos invités.

Suivis de petits cortèges, ils arrivent des quatre coins de Pékin, les uns à cheval, les autres en voiture, ou en pousse-pousse, ou en palanquin somptueux. Sitôt qu'un personnage de marque émerge d'en bas, par la porte peinte et dorée du plan incliné, une de nos musiques militaires qui guettait son apparition, lui joue l'air national de son pays. L'hymne russe succède à l'hymne allemand; ou l'hymne japonais à la «Marche des Bersaglieri». Nous entendrons même l'air chinois, car on apporte pompeusement un large papier rouge: la carte de visite de Li-Hung-Chang, qui est en bas et qui, suivant l'étiquette, se fait annoncer avant de paraître. Ensuite, précédés de cartes pareilles, nous arrivent le grand Justicier de Pékin, et le Représentant extraordinaire de l'Impératrice. Ils assisteront à notre fête, les princes de la Chine, amenés dans des palanquins de gala, avec escorte de cavalerie, et ils font leur entrée, le visage fermé et le regard en dedans, suivis d'un flot de serviteurs vêtus de soie. Ç'a été dur de les avoir, ceux-là! Mais le colonel Marchand, autorisé par notre général, s'était fait un point d'honneur de les décider. Au milieu de nos uniformes d'occident se multiplient les robes mandarines et les chapeaux pointus à bouton de corail. Et leur présence à ce festin des barbares, en pleine «Ville impériale» profanée, restera l'une des plus singulières incohérences de nos temps.

Une tablée comme on n'en avait jamais vu, les pieds sur des tapis impériaux qui semblent d'épais velours jaunes. Les obligatoires gerbes de fleurs, arrangées dans des cloisonnés géants, sans âge et sans prix, qui sont sortis pour un soir des réserves de l'Impératrice. A la place d'honneur, le maréchal de Waldersee à côté de la femme de notre ministre de France; ensuite, deux évêques en robe violette; des généraux et des officiers des sept nations alliées; cinq ou six toilettes claires de femme, et enfin trois grands princes de la Chine, énigmatiques dans leurs soies brodées, les yeux à demi cachés sous leurs chapeaux de cérémonie à plumes retombantes.

Sur la fin de ce dîner étrange, subversif, et profanateur, quand les roses commencent à pencher la tête dans les grands vases précieux, notre général, en terminant son toast au champagne, s'adresse à ces princes Jaunes: «Votre présence parmi nous, leur dit-il, prouve assez que nous ne sommes pas venus ici pour faire la guerre à la Chine, mais seulement à une secte abominable, etc...»

Le Représentant de l'Impératrice, alors, relève la balle avec une souplesse d'Extrême-Asie, et sans qu'un pli ait bronché sur son masque jaune de cour, il répond, lui qui a été sournoisement un enragé Boxer: «Au nom de sa Majesté Impériale Chinoise, je remercie les généraux européens d'être venus prêter main-forte au Gouvernement de notre pays, dans une des crises les plus graves qu'il ait jamais traversées.»

Petit silence de stupeur, et les coupes se vident.

L'esplanade, pendant le banquet, s'est considérablement peuplée d'uniformes et de dorures: quelques centaines d'officiers de tout pelage, de toute couleur conviés à la soirée. Et les toasts ayant pris fin sur cette réplique chinoise, je vais m'accouder au rebord des terrasses pour voir arriver, de haut et de loin, notre retraite aux flambeaux.

En sortant de dessous ce velum et ces ramures de cèdres, toutes choses un peu emprisonnantes qui masquaient la vue, c'est une surprise et un enchantement, ces bords du lac impérial, ce grand paysage de mélancolie et de silence,—en temps ordinaire, lieu de ténèbres s'il en fut jamais, dès la tombée des nuits, bien inquiétant et noir, sur lequel semblait planer un éternel deuil,—et qui vient de s'éclairer, cette fois, comme pour quelque fantastique apothéose.

Il y avait de nos soldats cachés partout, dans les vieux palais morts, dans les vieux temples épars au milieu des arbres, et en moins d'une heure, grimpant de tous côtés sur les tuiles d'émail, ils ont allumé d'innombrables lanternes rouges, des cordons de feux qui dessinent la courbe des toits à étages multiples, la chinoiserie des architectures, l'excentricité des miradors et des tours. Une raie lumineuse court le long du lac tragique, dans les herbages encore recéleurs de cadavres. Jusque sur ses rives les plus lointaines, jusqu'en ses fonds qui d'habitude étaient les plus noirs, ce parc des Ombres, où cependant tout reste morne et dévasté, donne une illusion de fête. Le vieux donjon de l'Ile des Jades, qui dormait dans l'air avec son idole affreuse, se réveille tout à coup pour lancer des gerbes d'étincelles et des fusées bleues. Et les gondoles de l'Impératrice, si longtemps immobiles et un peu détruites, se promènent cette nuit sur le miroir de l'eau, illuminées comme à Venise. Un semblant de vie ranime toutes ces choses, tous ces fantômes de choses, pour un seul soir. Et on ne reverra jamais, jamais cela, que personne n'avait jamais vu.

Quel contraste déroutant, avec ce que j'avais coutume de contempler l'année dernière du haut de ces mêmes terrasses, à la chute des crépuscules d'automne, quand j'étais le seul habitant de ce palais! Sur les bords du lac, ces groupes en costume de bal, à la place des cadavres, mes seuls et obstinés voisins d'antan—qui demeurent encore tous là, bien entendu, mais qui ont achevé de faire dans la vase leur très lent plongeon sans retour. Et cette douce tiédeur d'une soirée de mai, au lieu du froid glacial qui me faisait frissonner dès que l'énorme soleil rouge commençait de s'éteindre!

Au premier plan, à l'entrée du Pont de Marbre, le grand arc de triomphe chinois, avec ses diableries, ses cornes et ses griffes, mis en valeur par un amas de lanternes proches, resplendit de dorures sur le ciel nocturne. Ensuite, traversant le sombre lac, c'est le pont très éclairé, et qui semble lumineux par lui-même dans le rayonnement de son éternelle blancheur. Au loin, enfin, toute l'ironique fantasmagorie des palais vides et des pagodes vides émerge de l'obscurité des arbres et reflète dans les eaux ses lignes de feux, parmi les petites îles des lotus.

Ils se répandent un peu partout, nos cinq cents invités, au bord du lac sous la verdure printanière des saules, par groupes sympatiques, ou bien le long du Pont de Marbre, ou bien encore dans les gondoles impériales. A mesure qu'ils descendent de ces terrasses de la Rotonde, on leur remet à chacun une lanterne peinturlurée, au bout d'un bâtonnet, et tous ces ballons de couleur se disséminent au hasard des sentiers, sont bientôt, dans les lointains, comme une peuplade de vers-luisants.

De là-haut où je suis resté, on distingue des femmes, en manteau clair du soir, s'en allant au bras d'officiers sur les dalles blanches du pont, ou bien assises à l'arrière des longues barques de l'Impératrice que des rameurs mènent doucement... Et combien c'est inattendu de voir ces Européennes,—presque toutes, celles-là même qui avaient enduré les tortures du siège,—se promener si tranquilles, dans leur toilette de dîner, au milieu du repaire jadis fermé et terrible de ces souverains par qui leur mort avait été sourdement préparée! Le lieu décidément a perdu toute son horreur, et c'est même fini pour l'instant du vague effroi qui, hier encore, se dégageait des lointains peuplés de vieux arbres et de ruines; il y a tant de lumières, tant de monde, tant de soldats, jusque dans les fonds reculés, sous bois, que toutes les formes vagues de revenants ou de mauvais esprits, ce soir, ont dû s'évanouir.

Quelque chose commence de se faire entendre, comme un roulement de tonnerre qui s'approcherait, et c'est l'ensemble d'une cinquantaine de tambours, annonçant que la retraite arrive. Elle a dû se former à la Porte Jaune, pour suivre l'avenue inaugurée aujourd'hui, et venir se disperser devant nous, au pied du Palais de la Rotonde. Ses lumières d'avant-garde apparaissent là-bas, à la tête du Pont de Marbre, et voici qu'elle s'engage sur le magnifique arceau blanc. La cavalerie, l'infanterie, les musiques semblent couler vers nous, avec un fracas de cuivres et de tambours à faire crouler les murailles sépulcrales de la «Ville violette»,—et, au-dessus de ces milliers de têtes de soldats, les lanternes coloriées, d'une extravagance chinoise, en grappes, en gerbes sur de longues perches, se balancent au pas des chevaux, ou bien au rythme des épaules humaines.

Les troupes sont passées, mais le défilé ne paraît pas près de finir. Aux marches que jouaient nos musiques, succède tout à coup un autre fracas, d'un exotisme aigu, délirant, qui trouble les nerfs: des gongs, des sistres, des cymbales, des clochettes. En même temps se dessinent, gigantesques, des étendards verts et jaunes, tout tailladés, d'une fantaisie essentiellement étrangère, d'une proportion inusitée. Et, sur le beau Pont de Marbre, s'avancent des compagnies de personnages longs et minces, aux enjambées étonnantes, qui se dandinent comme des ours: mes échassiers d'Y-Tchéou, de Laï-Chou-Chien, de la région des tombeaux, qui ont fait de gaieté de coeur trois ou quatre jours de voyage pour venir figurer à cette fête française! Derrière eux, annoncés par un crescendo des gongs, des cymbales, et de toutes les ferrailles diaboliques de la Chine, les grands dragons arrivent aussi, les bêtes rouges et les bêtes vertes, longues de vingt mètres. On a trouvé le moyen de les éclairer par en dedans; elles ont l'air d'être incandescentes ce soir, les bêtes rouges et les bêtes vertes; au-dessus des têtes de la foule, elles ondulent, elles se tordent, comme feraient des serpents de soufre, des serpents de braise, au milieu de quelque bacchanale de l'enfer bouddhique. Et l'immense décor que les eaux reflètent, le décor de palais et de pagodes aux toits multiples, aux angles cornus, est précisé toujours par ses lignes de feux rouges, dans la nuit sans lune, lourdement nuageuse. Et le donjon de l'Ile des Jades, qui domine ici toutes choses, continue de lancer sa pluie d'étincelles, sur son piédestal de rochers et de vieux cèdres noirs.

Quand sont passés les grands serpents, au cliquetis de ferrailles, au son fêlé des cymbales tartares, le Pont de Marbre continue de déverser au pied de notre palais un flot humain sur la rive, mais un flot plus irrégulier, qui a des poussées tumultueuses et d'où s'échappe une clameur formidable. Et c'est le reste de nos troupes, les soldats libres, qui suivent la retraite, avec des lanternes aussi, des grappes de lanternes balancées, en chantant la Marseillaise à pleine poitrine, ou bien Sambre-et-Meuse. Et les soldats allemands sont avec eux, bras dessus bras dessous, grossissant cette houle puissante et jeune, et donnant de la voix à l'unisson, accompagnant de toutes leurs forces nos vieux chants de France...

Invraisemblable ce dîner de Babel, ce toast des princes chinois, cette Marseillaise allemande!...

175

Minuit. Les myriades de petites lanternes rouges ont achevé de se consumer, aux corniches des vieux palais, des pagodes désolées, aux rebords des toits d'émail. L'obscurité et le silence coutumiers sont revenus peu à peu sur le lac et dans les lointains du bois impérial, parmi les arbres et les ruines. Les princes chinois se sont éclipsés discrètement, suivis de leurs soyeux cortèges, et emportés très vite dans leurs palanquins, loin d'ici, vers leurs demeures, à travers la ville pleine d'ombre.

Et maintenant c'est l'heure du cotillon,—après un bal forcément très court, un bal qui semblait une gageure contre l'impossible, car on avait réuni à peine dix danseuses pour près de cinq cents danseurs, et encore en y comprenant une gentille petite fille d'une douzaine d'années, une institutrice, tout ce que Pékin renfermait d'Européennes. Cela se passe dans la belle pagode dorée, convertie pour ce soir en salle de bal; cela se danse au milieu de trop d'espace vide, devant les yeux toujours baissés de cette grande déesse d'albâtre, en robe d'or, qui, l'automne dernier, était ma compagne, avec certain chat blanc et jaune, dans la solitude absolue de ce même palais. Pauvre déesse! On a improvisé ce soir un parterre d'iris naturels à ses pieds, et le fond dévasté de son autel a été garni d'un satin bleu aux cassures magnifiques, sur lequel sa personne se détache idéalement blanche, tandis que resplendit davantage sa robe d'or ourlée de petites pierres étincelantes.

On a eu beau faire cependant, on a eu beau éclairer ce sanctuaire, le remplir de lanternes en forme de fleurs et d'oiseaux, c'est une trop bizarre salle de bal; il y reste des obscurités dans les coins, en haut surtout, vers les ors de la voûte. Et cette déesse qui préside, trop mystérieusement pâle, devient gênante, avec son sourire qui semble prendre en pitié ces puérilités et ces sauteries occidentales, avec la persistance de ses yeux baissés comme pour ne pas voir. Ce sentiment de gêne sans doute n'est pas chez moi seul, car la jeune femme qui menait le cotillon, prise de je ne sais quelle fantaisie soudaine, se sauve dehors, emportant l'accessoire de la figure commencée,—un tambour de basque,—entraînant à sa suite les danseurs, les danseuses, les inutiles qui regardaient, et le temple se vide, et le pauvre petit cotillon d'exil s'en va tournoyer assez languissamment en plein air, mourir sous les cèdres de l'esplanade, où quelques lanternes éclairent encore.

Une heure du matin. La plupart des invités sont partis, ayant des kilomètres à faire, dans l'obscurité et les ruines, pour regagner leur logis. Quelques «alliés,» particulièrement fidèles, nous restent, il est vrai, autour du buffet où le champagne coule toujours, en des toasts de plus en plus chaleureux pour la France...

Le palais où j'habite encore pour quelques heures n'est qu'à cinq ou six cents mètres d'ici, de l'autre côté de l'eau. Et je m'en allais solitairement à pied, j'étais déjà sur le plan incliné qui descend au Lac des Lotus, quand quelqu'un me rappelle:

—Attendez-moi, j'irai vous reconduire un bout de chemin, ça me reposera!

C'est le colonel Marchand, et nous voici cheminant ensemble, sur la blancheur du Pont de Marbre. Un grand suaire de nuit et de silence est retombé sur toutes choses dans cette «Ville impériale» que nous avions remplie de musiques et de lumières, pour une soirée.

—Eh bien, me demande-t-il, comment était-ce? Quelle impression en avez-vous?

Et je lui réponds, ce que je pense en effet, c'est que c'était magnifiquement étrange, dans un cadre comme il n'en existe pas.

Cependant il est plutôt mélancolique, cette nuit, mon ami Marchand, et nous ne causons guère, nous entendant à demi-mot.

Mélancolie des fins de fête, qui peu à peu nous enveloppe, en même temps que l'obscurité revenue... Brusque évanouissement, dans le passé, d'une chose—futile, c'est vrai,—mais qui nous avait surmenés pendant quelques jours et distraits des préoccupations de la vie: il y a de cela d'abord...

Mais il y a aussi un autre sentiment, que nous éprouvons tous deux à cette heure, et dont nous nous faisons part l'un à l'autre, presque sans paroles, tandis que les dalles de marbre rendent leur petit son clair, sous nos talons, dans ce silence de minute en minute plus solennel. Il nous semble que cette soirée vient de consacrer d'une manière irrémédiable l'effondrement de Pékin, autant dire l'effondrement d'un monde. Quoi qu'il advienne, l'étonnante cour asiatique reparaîtrait-elle même ici, ce qui est bien improbable, Pékin est fini, son prestige tombé, son mystère percé à jour.

Cette «Ville impériale», pourtant, c'était un des derniers refuges de l'inconnu et du merveilleux sur terre, un des derniers boulevards des très vieilles humanités, incompréhensibles pour nous et presque un peu fabuleuses.

FIN

j'étais déjà sur le plan incliné qui descend au Lac des Lotus, quand quelqu'un me rappelle:

—Attendez-moi, j'irai vous reconduire un bout de chemin, ça me reposera!

C'est le colonel Marchand, et nous voici cheminant ensemble, sur la blancheur du Pont de Marbre. Un grand suaire de nuit et de silence est retombé sur toutes choses dans cette «Ville impériale» que nous avions remplie de musiques et de lumières, pour une soirée.

—Eh bien, me demande-t-il, comment était-ce? Quelle impression en avez-vous?

Et je lui réponds, ce que je pense en effet, c'est que c'était magnifiquement étrange, dans un cadre comme il n'en existe pas.

Cependant il est plutôt mélancolique, cette nuit, mon ami Marchand, et nous ne causons guère, nous entendant à demi-mot.

Mélancolie des fins de fête, qui peu à peu nous enveloppe, en même temps que l'obscurité revenue... Brusque évanouissement, dans le passé, d'une chose—futile, c'est vrai,—mais qui nous avait surmenés pendant quelques jours et distraits des préoccupations de la vie: il y a de cela d'abord...

Mais il y a aussi un autre sentiment, que nous éprouvons tous deux à cette heure, et dont nous nous faisons part l'un à l'autre, presque sans paroles, tandis que les dalles de marbre rendent leur petit son clair, sous nos talons, dans ce silence de minute en minute plus solennel. Il nous semble que cette soirée vient de consacrer d'une manière irrémédiable l'effondrement de Pékin, autant dire l'effondrement d'un monde. Quoi qu'il advienne, l'étonnante cour asiatique reparaîtrait-elle même ici, ce qui est bien improbable, Pékin est fini, son prestige tombé, son mystère percé à jour.

Cette «Ville impériale», pourtant, c'était un des derniers refuges de l'inconnu et du merveilleux sur terre, un des derniers boulevards des très vieilles humanités, incompréhensibles pour nous et presque un peu fabuleuses.

FIN

178